AF290676

edition + plus

Astrid Egger & Elisabeth Kußtatscher

Genießt euch und eure Kinder!

*Gelassen und lebensmutig den Selbstwert
der Kinder stärken*

Astrid Egger & Elisabeth Kußtatscher

Genießt euch und eure Kinder!

Gelassen und lebensmutig den Selbstwert der Kinder stärken

Inhalt

Vorwort 9

Willkommen-Sein in den ersten Lebensjahren

Lassen Sie Ihr Baby nicht alleine weinen 11
Achtsame Baby-Pflege 15
Wenn Babys untröstlich sind 18
Wo soll mein Baby schlafen? 22
Mit Freude essen 26
Kinder haben kein Trotzalter, sondern werden selbstständig 29
Eifersucht beim Erstgeborenen 32
Die kindliche Frustration auf ein »Nein« 35

Stärken Sie das Selbstwertgefühl der Kinder

Wie kann ich das Selbstwertgefühl meines Kindes stärken? 39
Was bitte ist Gleichwürdigkeit? 43
Schon mal was von Integrität gehört? 47
Werte sind wichtiger als Methoden 50
Zutaten für gelingende Beziehungen 53

Die Eltern, das Dach der Familie

Da geht schon mal die Puste aus 56
Partnerschaft als Dach der Familie 59

Müde Eltern 61
Erwachsene bestimmen die
Qualität der Beziehung 64
Trennung und dann?! 67
Erwachsene übernehmen
persönliche Verantwortung 71

Wie geht das mit den Grenzen?

Wie geht das mit den Grenzen? 74
Warum Kinder Grenzen missachten 78
Warum Konflikte wichtig sind 81
Ein »ich will« schafft Klarheit 84
Nein! Heute nicht. 88
Dürfen Kinder NEIN sagen? –
ein Erfahrungsbericht 92
Nicht jeder Wunsch kann erfüllt werden 95
Lieber lachen, als genervt die Augen rollen 98
Geschwisterstreit kann nerven 101
Tut Belohnung gut? 105

Huch, heftige Gefühle – was tun?

Lasst den Kindern ihre Gefühle! 108
In jedem Kind schlummert
das Talent zum Mitfühlen 112
Das Verhalten der Kinder macht immer Sinn 115
Jungs dürfen nicht mehr Jungs sein 118
Aggression ist eine Einladung! 121
Hilfe, mein Kind wird gemobbt! 124
Ist die heutige Jugend gewalttätiger als früher? 127

Schule ist nicht immer einfach

Beziehung – der Schlüssel zum Lernen 131
Schule ist sch....! 134
Müssen Kinder dem Leistungsdruck
ausgesetzt werden? 137
Stress bei Kindern 140
Wenn Jugendliche die Schule verweigern 143

Da kann es schon mal schwierig werden: Medien & Pubertät

Chatten, spielen, glotzen –
die Faszination an Computerspielen 146
Ohne Handy geht's nicht mehr 151
Sinnvolle Handyregeln 154
Nebel hinter der Stirn oder was
läuft ab in der Pubertät 158
»Sparring« – eine Art von Führung in der Pubertät 162
Vom Gehorsam zur Verantwortung 165

Was uns sonst noch bewegt

Was erzieht nun wirklich? 168
Warum Kinder nicht still sitzen können 171
Kinder müssen sich langweilen dürfen 174
Mein Kind hat keine Lust! 178
Großeltern geben Ruhe und Halt 181
Kinder sollen auch über den Tod erfahren 184
Mein Kind liebt »Doktorspiele« 187

Astrid Egger ist seit 1998 Sozialpädagogin. Sie hat in verschiedenen sozialen Bereichen gearbeitet: mit Kindern, im Jugendbereich, mit Menschen mit psychischer Erkrankung und mit Menschen mit Behinderung. Sie hat die Familylab-Seminarleiter-Ausbildung bei Jesper Juul besucht und ist heute Mitarbeiterin im Südtiroler Kinderdorf bei *treff.familie.*

Elisabeth Kußtatscher, geboren 1976, studierte Pädagogik, Geschichte und Entwicklungspsychologie. Sie arbeitet als Elternkursleiterin, sowie als systemische Beraterin mit Paaren. Sie ist Mitarbeiterin von *treff.familie* im Südtiroler Kinderdorf und lebt mir ihrem Mann und den drei Kindern in Bozen.

Vorwort

Wie entstanden diese pädagogischen Impulse?

Wir glauben daran, dass es für Kinder möglich ist, ein gesundes Selbstwertgefühl zu entwickeln. Dazu brauchen sie Beziehungen zu wichtigen Erwachsenen, in denen sie lernen, dass sie in ihren Gefühlen und Gedanken wahr- und ernst genommen werden, in denen ihnen aufrichtiges Interesse und Respekt entgegengebracht wird. Dazu tun ihnen Erwachsene gut, die sich selbst mit all ihren Stärken und Schwächen mögen und sich in ihren Bedürfnissen und Grenzen ernst nehmen.

Der dänische Familientherapeut Jesper Juul hat uns dabei sehr stark inspiriert. Er bringt es mit einem Satz auf den Punkt: »Helfen wir Kindern in einer Familie aufzuwachsen, in der sie lernen, sich selbst und andere ernst nehmen.«

Die Texte entstanden im Rahmen von *treff.familie*, einem Präventionsprojekt des Südtiroler Kinderdorfes. Aufbauend auf die Arbeit von Gerlinde Haller, Doris Kaserer, Valentina Andreis und Heidi Pichler arbeiten wir im Südtiroler Kinderdorf und *treff.familie* an einer »Qualität der lebendigen Zusammenarbeit, der Vernetzung und mit einem innovativen Familienleitbildgedanken«. *Treff.familie* wird unterstützt von der Familienagentur (Land Südtirol) und der Bezirksgemeinschaft Burggrafenamt.

Ein wesentliches Ziel von uns ist es, Eltern und pädagogisches Fachpersonal in ihrer Erziehungskompetenz zu unterstützen. Um niederschwellig viele Menschen zu erreichen, werden die »pädagogischen Impulse« in Gemeindeblättern, über Schulen, über Internetmedien, die Homepage und über Radio veröffentlicht. Dies ist Teil der Präventionsarbeit des Südtiroler Kinderdorfes.

Mit den Worten von Roland Feichter, Koordinator von *treff.familie,* wünschen wir Ihnen eine inspirierende Lektüre: »Seien Sie gelassen bzw. vertrauen Sie sich und den Möglichkeiten ihrer Familie! Genießen Sie einander und die Kinder. So wird Ihre Welt besser.«

www.familie.it
www.kinderdorf.it

Lassen Sie Ihr Baby nicht alleine weinen

Wenn ein Baby weint, dann gibt es hierfür immer gute Gründe

Es hat entweder Angst, Durst, Hunger, Schmerzen, ist erschöpft, fühlt sich alleine, ist überstimuliert, ist gelangweilt, hat zu warm oder zu kalt oder spürt die Sorgen und Anspannung der Eltern. Manchmal ist es nicht zu enträtseln, warum das Kind weint. Aber nie schreien Babys, um Eltern zu ärgern, um Macht über sie zu erlangen, aus Spaß oder aus Boshaftigkeit. Und doch, wie oft weinen Säuglinge im Kinderwagen oder nachts im eigenen Zimmer, ohne dass jemand kommt und sie herausnimmt und sie beruhigt.

Weinen ist ihre einzige Überlebensgarantie

Weinen ist für Babys die einzige Möglichkeit ihr Unwohlsein zu zeigen. Wenn Babys weinen, fühlen sie sich hilflos und alleine. Der Facharzt für Kinder- und Jugendpsychiatrie Karl Heinz Brisch schreibt in seinem Buch *SAFE - sichere Ausbildung für Eltern:* »Für Eltern ist es ausgesprochen wichtig zu wissen, dass Säuglinge selbst noch nicht in der Lage sind größeren Stress ausreichend zu regulieren, also auch nicht sich selbst zu beruhigen. Sie brauchen von Anfang an mindestens eine Bindungsperson, die durch feinfühligen Körperkontakt, etwa zärtliche Berührung, Blickkontakt und verständnisvolle Worte, ihren Stress mit ihnen zusammen reguliert und abbauen hilft. Auf diese

Weise vermittelt die Bindungsperson ein Gefühl von emotionaler Sicherheit. Erst durch viele solcher hilfreichen Erfahrungen lernt der Säugling wie Stressregulation möglich wird.«

Was hilft am besten den Stress der Kinder zu beruhigen?

Das effektivste Mittel ist Körperkontakt: wiegen, halten, streicheln oder massieren, singen und mit ruhiger Stimme auf das Unwohlsein des Kindes einzugehen.

Wenn das Baby alleine gelassen wird in seinem Weinen, macht es die Erfahrung, dass es in Situationen von Angst und Schmerz sich nicht darauf verlassen kann, dass ihm jemand Schutz und Sicherheit gibt. Es macht die Erfahrung von Ohnmacht, Verlassen-sein bis hin zu Panik und Todesangst. Man stelle sich vor, es ist Nacht und man liege im Krankenhaus. Man hat Schmerzen und Angst. Man klingelt nach der Schwester und sie kommt nicht. Um wie viel verlorener muss sich ein Baby nachts weinend fühlen? Diese Erfahrungen prägen sich tief in das Kind ein.

Was tun, wenn Eltern durch das Schreien des Babys selbst Stress bekommen?

Manchmal ist das Kind nicht zu beruhigen und man findet nicht heraus was es hat. Das bedeutet auch Stress für die Eltern. Aber bereits das Halten des Kindes in den Armen vermittelt dem Baby: ich bin nicht alleine in meiner Not. Jede Form von liebevollem Körperkontakt hilft dem Kind Stress und Anspannung etwas abzubauen. Körperkontakt beruhigt, weil das Gehirn Botenstoffe ausschüttet, die Schmerz und Stress lindern, sowie Vertrauen und Bindung und somit das Gefühl von Sicherheit und Schutz aufbauen.

Wenn ein Elternteil zu erschöpft ist oder selbst unter Anspannung steht, ist es ratsam, dem anderen Elternteil das Kind in die Arme zu legen und selbst wieder Kraft zu schöpfen. Oder für ein paar Stunden Hilfe von Großeltern, Freunden, Nachbarn anzunehmen. Wir alle wissen, dass Beruhigung eines anderen am besten funktioniert, wenn man selbst innerlich ausgeglichen ist. Sonst schaukelt sich die Situation oft hoch. Erfahrene Hebammen und Kindersäuglingsschwestern können durch die *Emotionale Erste Hilfe (EEH)* gut und gezielt Müttern helfen sich selbst wieder zu entspannen, wieder mehr Selbstvertrauen im Muttersein zu entwickeln und Geburtstraumas aufzulösen.

Verwöhnen wir Babys, wenn wir sie beim Schreien in den Arm nehmen?

Es herrscht vielerorts leider immer noch der Glaube, es schadet Babys nicht wenn sie weinen. Diese Überzeugung ist ein Überbleibsel aus der Nazizeit, wo dies in den Erziehungsratgebern stand und man dachte, Kinder durch Aufheben verwöhnen zu können. Heutige Bindungs- und Gehirnforschung beweist das Gegenteil. Nur wer als Baby und Kind in Stress- und Angstsituationen erfahren hat, dass ihm jemand beisteht, entwickelt die Fähigkeit, sich mit der Zeit selbst beruhigen zu können und kann Erregungszustände besser regulieren.

Achtsame Baby-Pflege

Das Baby ist da! Welch eine Freude! Und für viele auch eine natürliche Verunsicherung. Wie umgehen mit dem kleinen Menschlein?

Die ungarische Kinderärztin Emmi Pikler (1902-1984) hat es bereits in den 1930er Jahren erkannt: Wir können mit einem Säugling bereits von Geburt an kommunizieren, und dieser wird antworten und sich verstanden fühlen. Dieses einfühlsame und gelungene Zusammenspiel vermittelt dem Säugling Vertrauen und Geborgenheit und hilft ihm dabei, ein gutes Lebensgrundgefühl aufzubauen. Gleichzeitig vermittelt es den Eltern ein Gefühl von Sicherheit und Kompetenz im Umgang mit ihrem Kind.

Mit ganzem Herzen dabei sein

Gerade die Pflege bietet eine ausgezeichnete Gelegenheit sich gegenseitig kennen zu lernen und eine vertrauensvolle Beziehung aufzubauen. Wie der Säugling gepflegt wird, prägt seine Wahrnehmung von sich und der Welt, es prägt sein Selbst-Gefühl und sein Selbst-Wert-Gefühl.

Während Sie den Säugling pflegen – wickeln, baden, füttern, anziehen – sind Sie mit ihm zusammen. Nutzen Sie diese Zeit, um ihm Ihre ganze Aufmerksamkeit zuzuwenden. Seien Sie mit dem ganzen Herzen dabei. Das kann sein, indem Sie z.B. das Telefon abstellen während Sie das Baby füttern oder wickeln.

Sagen Sie ihm: »Jetzt stelle ich das Telefon ab und will ganz mit dir zusammen sein.«

Reden Sie mit ihrem Kind

Beziehen Sie das Kind in die Pflege mit ein, indem Sie mit ihm sprechen. Sagen Sie ihm immer, was Sie als nächstes tun werden und warten Sie kurz und beobachten Sie seine Reaktion. Sicher, er wird am Anfang Ihre Worte nicht verstehen, aber mit der Zeit kann er den Klang Ihrer Stimme deuten und die Worte mit Ihren Handlungen verknüpfen. Betrachten Sie den Säugling als aktiven Teilnehmer, statt als passiven Empfänger ihrer Pflegehandlungen.

Mit der Zeit wird er Ihnen sein Ärmchen entgegenstrecken, wenn Sie ihm sagen, dass Sie ihm jetzt ein Jäckchen überziehen wollen. So kommen Sie immer mehr in eine Interaktion, die ihnen beiden Freude machen wird. Dieses dem-Kind-Mitteilen, was Sie als nächstes tun, gibt ihm das Gefühl als Mensch wertgeschätzt zu werden. So ist er nicht ein Objekt, mit dem einfach etwas gemacht wird, sondern nimmt teil. Er fühlt sich gesehen und spürt, dass jemand an ihm wahrhaft interessiert ist. Das stärkt seine Persönlichkeit.

Zeit zum Auftanken

»Nehmen Sie die Zeit der Pflege als etwas ganz Besonderes, als Zeit des Auftankens, als Zeit für intimes Zusammensein«, schreibt Magda Gerber, die Autorin des Buches: *Dein Baby zeigt dir den Weg.* Es tut dem

Erwachsenen wie dem Kind gut, wenn er -bevor er sich dem Kind in der Pflege widmet- sich erlaubt zur Ruhe zu kommen. Diese Ruhe ermöglicht zwei Dinge: Zum einen wird man langsam und das Kind hat es leichter an den Handlungen teilzunehmen. Zum anderen ermöglicht innere Ruhe, dass man Freude empfinden kann. Diese Freude im Gesicht des Pflegenden gibt dem Kind das Gefühl, einen Wert für ihn zu haben. Die Freude, die der Erwachsene erlebt, während er den Säugling pflegt, nährt auch ihn und gibt ihm das Gefühl wertvoll zu sein.

Gerade bei der Pflege hat das Kind vielfältige Erlebnisse und spürt beim Berührt-werden sich selbst und den anderen Menschen. Davon spricht Emmi Pikler in dem Buch: *Friedliche Babys – zufriedene Mütter.* »Die Hände bilden die erste Beziehung des Säuglings mit der Welt. Hände heben ihn auf, legen ihn hin, waschen, kleiden, füttern ihn. Welcher Unterschied: Wie anders ist das Bild der Welt, das sich für den Säugling offenbart, wenn ruhige, geduldige, behutsame, aber doch sichere und entschlossene Hände mit ihm umgehen – und wie ganz verschieden gestaltet sich die Welt, wenn diese Hände ungeduldig, derb oder hastig, unruhig und nervös sind. Am Anfang bedeuten für den Säugling die Hände alles, sie sind der Mensch, die Welt.«

Wenn Babys untröstlich sind

Endlich ist das Baby auf der Welt - und es schreit und schreit. Die Eltern sind übermüdet, verzweifelt und fühlen sich hilflos, weil all das, was sie dem Baby als Beruhigung und Unterstützung anbieten, keinen Erfolg zeigt. Viele brechen in einen hektischen Aktionismus aus, sie legen das Kind nochmals an die Brust, vielleicht hat es ja doch noch Hunger? Andere wippen es fest auf und nieder, oft auch Mithilfe eines Gymnastik-Balls oder nehmen das Baby in die Armschaukel und tragen es auf und ab. Oft schläft das Baby aus Erschöpfung kurz ein, doch kaum legt man es ins Bettchen, fängt es wieder an zu weinen.

Schreien ist die Köpersprache der Babys

Damit teilen sie sich mit, wenn sie müde sind, Hunger haben, zu kalt / zu warm haben, Schmerzen erleben oder viele Eindrücke vom Tag verarbeiten müssen. »Babys wollen mit diesen Botschaften gehört werden«, sagt Thomas Harms, Körpertherapeut aus Bremen und Entwickler der *Emotionelle Erste Hilfe - EEH*.

In 90 Prozent der Fälle vermuten Eltern, Großeltern oder das Umfeld Verdauungsprobleme, falls ein Baby überdurchschnittlich viel weint. Diese Annahme stimmt jedoch nicht, denn lediglich 10 Prozent der Babys weisen effektive Magen-Darm-Beschwerden auf. Wenn ein Baby schreit, verkrampft sich der gesamte Körper und die Bauchdecke wird hart. Daraus resultiert die obengenannte Vermutung.

Eltern wollen, dass das Baby so schnell als möglich aufhört zu schreien

Es wird alles unternommen, denn alle wollen ruhige, zufriedene Kinder. Zugegeben, es ist extrem schwer auszuhalten, wenn ein Baby lauthals über längere Zeit brüllt. Dies erzeugt einen enormen Stress bei den Eltern. Doch Kleinkinder drücken sich über das Weinen aus, so Harms. In der *EEH* zeigen erfahren Hebammen und Stillberaterinnen, wie Eltern gelassen auf das Weinen reagieren können. Die Eltern erlernen einfache Techniken, um das hohe innere Stressaufkommen in Schreiphasen ihres Kindes besser zu regulieren. Das sind z.B. einfache Atemtechniken. Es ist also nicht das Ziel, das Baby schnell zu beruhigen, sondern in Ver-Bindung mit dem Kind zu gehen und ihm zuzuhören, einfach DA zu sein. Dazu ist der erste Schritt, dass der Vater oder die Mutter zuerst in Ver-Bindung mit sich selbst ist, sich selbst wieder spürt, statt schnell und hastig zu reagieren.

Die Entspannung von Körper und Geist ist die Grundvoraussetzung für Bindung

Interessanterweise ist es nicht mit dem guten Willen getan, eine innige Bindung zum Kind aufzubauen, sondern der Schlüssel liegt darin: zuerst SICH spüren, wahrnehmen und entspannen. Experten nennen das *Selbstanbindung*. Dabei spüren die Babys: Mama oder Papa ist jetzt ganz da und nicht *außer sich*. Die Gedanken sind nicht im Außen, z.B. »was soll ich noch alles tun?«, sondern ganz zentriert. Häufig ist zu beobachten, dass Babys, die in Ruhe auf dem Bauch der Mutter weinen dürfen, durch die ruhige Atmung und durch das Offen-Sein was gerade ist, sich beruhigen. ExpertInnen können durch hilfreiche körperorientierte Interventionen die Eltern zurück in den eigenen Körper holen. »Nur wenn ich entspannt bin, kann ich mich auf jemanden einlassen«, ist Harms überzeugt.

Babys teilen im Schreien ihre Erlebnisse und auch die Geburtstraumas mit

Ein Kind, das sich bei den Eltern geborgen fühlt und sich entspannt, fängt manchmal einfach an zu weinen und »erzählt« damit von seinen schwierigen Erlebnissen. Es ist wichtig, dass Eltern beginnen Gefühle anzuerkennen, die einfach da sind. Hebammen können durch den körperorientierten Therapie- und Beratungsansatz den Eltern und Säuglingen helfen, emotionale Krisensituationen nach der Geburt zu überwinden.

Wie kann die Emotionelle Erste Hilfe - EEH diesen Eltern und Kindern helfen?

Die Eltern lernen die Körpersignale der Babys frühzeitig als Warnsignale zu erkennen. Statt in hektischem Aktionismus auszubrechen, verlangsamen die Eltern vorerst mit spezifischen Körperübungen ihren Organismus und finden damit in ihre Mitte zurück. Auch wenn etwas ältere Säuglinge und Kleinkinder nachts nicht ruhig schlafen und die Begleiter mit ihren Nerven am Ende sind, kann geholfen werden.

Diese präventive Traumaverarbeitung ist sehr wichtig für eine liebevolle Beziehung zum Neugeborenen, aber auch für die Familie, wenn weitere Schwangerschaften geplant sind.

Informationen für *EEH*:
www.emotionelle-erste-hilfe.org

Wo soll mein Baby schlafen?

Wenn ein Kind geboren wird, tauchen wohl bei allen Eltern nach und nach viele Fragen auf. Eine dieser Fragen lautet: Soll das Kind im Eltern-Schlafzimmer schlafen? Und was tun, wenn es nicht leicht einschläft?

Zum Thema, wo das Kind schlafen soll, gibt es nur individuelle Antworten

Historisch betrachtet, haben Kinder nie ein eigenes Zimmer gehabt. Das hat erst vor wenigen Jahrzehnten in unserem Kulturkreis begonnen. Vorher war es selbstverständlich, dass Kinder im selben Zimmer wie die Eltern schliefen. Betrachten wir die Tierwelt, dann ist es bei vielen Tieren so, dass die Kleinen sehr lange im warmen, elterlichen Nest bleiben, bevor sie groß genug sind, um auszuschwärmen. Dieses Bild können wir auf unsere Kinder übertragen. Das heißt jedoch nicht, dass die Kinder bis ins Jugendalter bei den Eltern im Zimmer bleiben sollen. Solange das Kind gestillt wird, ist es wohl auch das Praktischste, das Kind bei sich im Bett oder im daneben stehenden Bettchen zu haben. Aber auch etwas größere Kindern haben oft den Wunsch, nicht alleine zu schlafen – so wie wir Erwachsene häufig auch.

Besonders in der Nacht werden viele Tageseindrücke im Gehirn verarbeitet. Unruhige Träume und Aufschreien kommen häufig vor. Kindern tut es gut, die Mutter oder den Vater zu spüren, die wärmende

Haut, den ruhigen Herzschlag, die Atmung – so wie im Mutterleib.

Mit dem Kind im Bett können jedoch einige Erwachsene nicht gut schlafen

Manche Mütter und Väter erwachen beim kleinsten Geräusch des Kindes. In diesem Fall macht es auch Sinn, das Kind in ein anderes Zimmer zu legen. Entscheidend sind immer die Eltern selbst: mit welcher Lösung fühlen sie sich am wohlsten? Haben sie aber Schuldgefühle, wenn sie das Kind in ein anderes Zimmer legen, dann wird dies das Kind spüren und möglicherweise mit Weinen reagieren. In manchen Familien haben Ohrenstöpsel beim empfindlichen Alles-Hörer schon wahre Wunder vollbracht.

Manche Eltern können mit einem Kind im Bett nicht gut schlafen, da sie selbst zu wenig Platz haben. Da könnte man das Kind, das in der Nacht Trost und Wärme sucht, zu sich ins Bett nehmen und wenn es sich beruhigt hat, auf eine danebenliegende Matratze am Boden legen.

Wichtig ist immer eine Lösung zu finden, bei der alle Familienmitglieder gut schlafen und sich regenerieren können. Eltern sollten ihrem Gefühl unbedingt folgen. Es gibt hier kein Richtig oder Falsch, sondern nur ganz persönliche Entscheidungen.

40 Prozent aller Kinder haben Einschlafprobleme

Wenn das Baby oder das Kleinkind nicht sofort einschläft, dann kann man möglichst gelassen bleiben. Ruhe und Gelassenheit sind sowieso DIE Zauberworte. Wie sind die Eltern selbst drauf, wenn sie ihr Kind zu Bett bringen? Sind sie ruhig und ausgeglichen oder gereizt, übermüdet und aufs schnelle Einschlafen fixiert? Die Erfahrung zeigt, dass es sich lohnt, selbst innerlich ruhig zu werden, von Erwartungshaltungen loszulassen und sich möglichst unvoreingenommen aufs Zubettgehen einzulassen. Auch Erwachsene können sich nicht gut entspannen und einschlafen, wenn ihr Partner neben ihnen unruhig, gereizt oder gar zornig ist. Wir spüren die Anspannung unserer Mitmenschen. Und genauso spürt das Kind, wie es den Eltern gerade geht.

Selbst zur Ruhe kommen

Das Beste was Eltern machen können, wenn sie ihr Kind ins Bett bringen, ist die Zeit mit dem Kind ganz bewusst zu genießen. Rituale, die immer gleich ablaufen, geben dem Kind Sicherheit und Ruhe. Nicht selten reagieren Kinder darauf, indem sie tatsächlich schneller einschlafen. Natürlich ist es nicht möglich, jeden Abend ruhig und ausgeglichen zu sein, dann macht es Sinn, das Schlafenlegen dem ruhigeren der Partner zu überlassen. Zu einem größeren Kind kann man auch sagen: »Ich bin heute Abend sehr müde und noch angespannt vom Tag. Könntest du mir einen Gefallen tun und heute allein schlafen?«

Das funktioniert recht gut, vorausgesetzt man sagt es ohne Schuldgefühle, sondern so authentisch wie möglich.

Kinder können nicht auf Knopfdruck einschlafen - genauso wenig wie Erwachsene. Eltern können für ein ruhiges, sicheres Umfeld sorgen und dafür, dass sie selbst Ruhe ausstrahlen.

Mit Freude essen

»Was soll ich bloß kochen, meine Kinder sind so wählerisch – außer weiße Nudel und Pizza isst der Kleine gar nichts!« Kommt Ihnen das bekannt vor? Viele Eltern kriegen beim Gedanken ans Essen in der Familie Stress. Es soll gesund, ausgewogen und nahrhaft sein, doch der Kleine weigert sich von all dem gesunden Gemüse zu essen. Der Koch oder die Köchin fühlen sich und ihre Arbeit nicht wertgeschätzt, die gute Laune ist dahin.

Kinder haben sehr feine Sinnesorgane

Wenn die Arbeit in der Küche begleitet ist mit Pflichterfüllung und Unwillen, dann spüren Kinder diese Unlust. An fast keiner Stelle wird bei Ernährungsexperten auf die Freude, den Genuss, die Schönheit und die Geselligkeit beim Essen hingewiesen. Diese »Zutaten« sind genauso wichtig für die Gesundheit, wie die konkrete Kombination von Vitaminen und Mineralien. Ohne Freude, Poesie und Lust wird das tägliche Essen auf den Status einer Medizin reduziert. Kinder, die angenehme Geschmacks- und Sinneserlebnisse haben, bewahren sie für immer im Gedächtnis. Auch wenn sie vorübergehend davon abweichen und lieber Pommes und Pizza essen, werden dieses Sinneseindrücke auf lange Sicht zu wichtigen Richtlinien in ihrem Leben. Kinder haben ganz sensible Geschmacksknospen und die Vorlieben für Speisen ändern sich oft recht schnell. Wir wissen alle, dass sich Geschmackszellen verändern, und dass im

Erwachsenenalter uns vieles schmeckt, was wir als Kinder noch nicht mochten.

Von der Evolution her war es überlebenswichtig, dass Kinder nicht alles sofort essen

Wenn sie als Urmenschen jede Beere und jedes Kraut gekostet hätten, hätten sich viele vergiftet. Diese »Ur-Skepsis« ist heute noch wirksam im Menschen. Auch wir Erwachsene beäugen in fremden Ländern so manches mit dieser Skepsis. Aber wenn Kinder sehen, dass Erwachsene mit Genuss essen, macht das Eindruck auf sie. Das gemeinsame Essen ist also viel mehr als »nur« Nahrungsaufnahme. Es geht um das Miteinander, das »sich-spüren«, um Sinneserlebnisse.

All zu oft vermiesen die Erwachsenen die Stimmung am Tisch, da sie dort zu »erziehen« beginnen

Z.B. die Kinder kommen nach Hause, haben Hunger und die Eltern bombardieren sie beim Essen mit Fragen, wie es in der Schule war, was sie hätten besser machen sollen, mehr lernen oder sich sozialer verhalten... Wem von uns würde da das Essen noch schmecken, wenn wir kritisiert oder belehrt würden? Da macht das Essen keinen Spaß mehr!

Wir dürfen wieder beginnen Humor, Gelassenheit und Sinneserlebnisse beim Essen zu kultivieren. Auch wenn der Kleine das Gemüse nicht isst, lassen wir uns den Genuss am Essen nicht vermiesen und vertrauen darauf, dass sich die Essgewohnheiten des

Kindes mit der Zeit ändern werden. Zu guter Letzt entwickeln Kinder Interesse am Essen, wenn sie beim Einkaufen und Kochen miteinbezogen werden und vor allem, wenn dies alles mit Freude und Entspannung geschieht.

Kinder haben kein Trotzalter, sondern werden selbstständig

Eine gewagte Aussage. Familientherapeut Jesper Juul erklärt, was passiert, wenn Kinder mit zwei Jahren zu Rebellen werden - und wie Eltern darauf reagieren sollten. Er sagt: »Kinder haben kein Trotzalter. Es ist eine natürliche Entwicklung, dass sich das zwei- bis dreijährige Kind aus der kompletten Abhängigkeit von den Eltern zu einem teilweise unabhängigen Individuum entwickelt. Diese Entwicklung wiederholt sich in der Pubertät. Wenn die Eltern versuchen, diese Entwicklung des Kindes zu verhindern, zu beeinträchtigen oder darüber zu bestimmen, dann wird das Kind trotzen.«

In diesem Alter brauchen Kinder Eltern, die sie wertschätzen und anleiten

Für mache Eltern ist es schwer auszuhalten, wenn ihr Kind einen Wutanfall bekommt, wenn es nicht nach seinem Kopf geht. (Wir sprechen lieber von Wut als von Trotz, denn Trotz ist so negativ behaftet.) Es ist wichtig zu wissen, dass Kinder nicht wütend werden, um die Eltern zu provozieren oder zu manipulieren. Es ist ihr Ausdruck von schierer Verzweiflung. Was passiert ist folgendes: Das Kind hat einen Wunsch und kann ihn sich selbst nicht erfüllen oder die Erwachsenen sagen Nein. Das erzeugt Wut und Frustration. Je nach Temperament des Kindes bekommt es einen Wutanfall, der aber wieder vorüber geht. Das

Kind muss erst lernen, mit diesen Gefühlen der Frustration umzugehen. Je gelassener die Eltern bleiben und Verständnis für die Wut haben, desto leichter kann das Kind diese Phase gut bewältigen, etwa mit den Worten: »Ich kann verstehen, dass dich das jetzt sehr wütend macht.«

Lassen Sie das Kind in Ruhe während des Anfalls, sonst wird es nur noch schlimmer. Es kann Sie sowieso im Moment nicht hören, aber bleiben Sie in der Nähe. Etwas später können Sie mal nachfragen: »Was hat dich so wütend gemacht?« So fühlt sich das Kind gesehen und wertgeschätzt und weiß, dass es nicht falsch ist, wütend zu sein.

Wie kann man Wutanfälle verhindern?

Das kann man nicht. Und das ist in Ordnung. Auch Erwachsene werden wütend. Je weniger die Eltern versuchen in die Selbstständigkeits-Bestrebungen der Kinder einzugreifen, desto weniger Kämpfe wird es geben. Achten Sie darauf, dass das Kind eine Umgebung vorfindet, wo nicht alles verboten oder gefährlich ist. Räumen Sie lieber für einige Zeit teure Kristallvasen oder Erbstücke weg, das entspannt die ganze Familie.

Kinder wollen jetzt vieles alleine tun, sie entdecken gerade ihr Selbst und ihr Fähigkeiten. Eltern können sagen: »Ah du willst dir alleine die Jacke anziehen. Das freut mich. Wenn du Hilfe brauchst, dann komm zu mir.«

Diese Phase ist entscheidend für das Kind, um neue Fertigkeiten, Selbstvertrauen und Selbstwertgefühl zu entwickeln. Betrachten Sie die wachsende Unabhängigkeit Ihres Kindes als Geschenk - nicht als Problem.

Wenn Kinder Nein sagen

Wenn kleine Kinder in stressigen Situationen, wie z.B. morgens regelmäßig »Nein« sagen und nicht mitmachen wollen, dann kann es sein, dass sie auf die stressige Atmosphäre reagieren. Versuchen Sie mehr Zeit einzuplanen und mehr Ruhe in die Situation zu bringen.

Wenn es dann wirklich einmal knapp wird mit der Zeit, wenden Sie sich Ihrem Kind zu und schauen, dass Sie seine Aufmerksamkeit haben. Dann sagen Sie: »Heute bin ich in Eile. Ich brauche jetzt deine Hilfe. Heute helfe ich dir beim Anziehen der Schuhe und der Jacke, weil wir in 10 Minuten aus dem Haus sein müssen. Morgen wird es wieder gemütlicher.«

Je mehr das Kind das Gefühl bekommt, dass es in seinen Selbstständigkeits-Bestrebungen ernst genommen wird, desto leichter wird es für die ganze Familie.

»Eifersucht« beim Erstgeborenen

Das zweite Kind ist da! Die Freude der Eltern ist groß. Auch der dreijährige Lukas freut sich über das Baby. Aber bald schon beginnt er Lisa zu zwicken und dann weint sie. Zuerst merken die Eltern überhaupt nicht, dass es Lukas ist, der Lisa immer wieder zum Weinen bringt. Als sie es mitbekommen tun sie das, was die meisten Eltern tun: Sie erklären Lukas, dass er der Ältere ist und so etwas nicht tun darf, dass das Lisa weh tut und dass es doch schön ist, eine kleine Schwester zu haben, mit der er bald spielen kann. Die Eltern wollen, dass Lukas sich freut.

Aber Lukas Verhalten ändert sich nicht. Er zwickt weiter, wenn die Eltern nicht hinsehen. Auch ist er quengeliger als früher. Ganz schlimm ist es, wenn seine Mutter Lisa stillt. Dann ist er sehr anstrengend. Er kann auch toben und schreien, dass das Baby wieder verschwinden soll. Manchmal werden die Eltern richtig wütend, nachdem sie ihm schon so oft gesagt haben, dass er Lisa nicht wehtun darf und dass er sich doch freuen soll, dass er jetzt nicht mehr alleine ist. Aber – nichts hilf wirklich.

Lukas Welt ist erschüttert

Versetzen wir uns mal in die Lage des dreijährigen Lukas: Er hat die Hälfte dessen, was er bis jetzt allein für sich hatte, verloren: die Hälfte der Aufmerksamkeit, die Hälfte der Zeit, die seine Eltern für ihn hatten. In seiner Welt ist die Geburt eines zweiten Kindes ein einschneidendes Erlebnis. Im Grunde ist es für das Erstgeborene so, als würde der Mann zur Frau sagen: »Ich habe mich in eine andere Frau verliebt. Dich liebe ich aber noch immer. Morgen zieht die neue Frau hier ein. Gemeinsam werdet ihr es fein haben.« Das klingt komisch, aber in der Erlebniswelt von Lukas ist genau das passiert. Diese »Tragik« gilt es feinfühlig zu sehen und ernst zu nehmen.

Die Geburt des zweiten Kindes erschüttert das Gewohnte. Und während wir Erwachsene uns im Vorfeld wenigstens drauf einstellen konnten, wird es vom Kind wie ein starkes Erdbeben, nicht selten als ernsthafte Bedrohung, erlebt. Vieles verändert sich in der Familie. Das große Kind muss womöglich zu bestimmten Zeiten sehr leise sein, es muss zusehen, wie die Mutter ihre Aufmerksamkeit und Zeit regelmäßig dem Kleinen widmet, es muss aushalten, dass sich jeder Besuch zuallererst dem Baby zuwendet.

Was hilft?

Aus dieser Sicht betrachtet leuchtet es uns ein, dass ein Kind auch mal ausflippen kann und das Geschwisterchen gar nicht so toll findet, wie alle sagen. Was wirklich helfen kann, ist das Anerkennen der Gefühle von Lukas. Am besten macht der Vater mit ihm einen kleinen Ausflug und nimmt ihn auf den Schoß und sagt ungefähr folgendes: »Lukas, eine kleine Schwester zu haben kann wirklich manchmal nerven. Und deine Mutter hat jetzt nicht mehr so viel Zeit für dich wie früher. Das ist wirklich blöd. Ich kann deine Wut verstehen. Mir geht es manchmal genauso. Deine Mutter müssen wir beide jetzt teilen. Daran müssen wir uns erst gewöhnen. Wie siehst du das?« Diese Aussage ist ein Geschenk für Lukas. Er erfährt, dass seine Gefühle vollkommen normal sind und fühlt sich verstanden. Er muss sich nicht mehr schämen für seine Wut, wo doch alle anderen so glücklich sind. Und er merkt, auch seinem Vater geht es ein bisschen wie ihm. Das gibt ihm das Gefühl o.k. zu sein.

So ein Gespräch kann vieles beruhigen. Natürlich muss diese Aussage des Vaters ernst gemeint sein und von Herzen kommen. Als Methode funktioniert sie nicht. Das erkennt jedes Kind sofort.

Je mehr die Gefühle des älteren Kindes benannt und verstanden werden, desto schneller kann es die neue Situation annehmen. Wenn es dann auch noch erlebt, dass es trotzdem liebenswert und wichtig für die Eltern ist, sich diese auch mal alleine Zeit nehmen, mit dem Großen was zu unternehmen, wird das Kind im Gefühl gestärkt, nach wie vor anerkannt und geliebt zu werden.

Die kindliche Frustration auf ein »Nein«

Wenn Kinder ihren eigenen Willen entdecken, dann haben sie viele Wünsche und fragen, ob sie sie erfüllt bekommen. Wenn der Erwachsene Nein sagt, dann beginnt jedes gesunde Kind für seinen Wunsch zu kämpfen und das ist je nach Temperament ganz unterschiedlich. Einige weinen leise und einige schmeißen sich auf den Boden und brüllen wie am Spieß. Dieser Kampf ist wichtig und gesund. Je klarer und entspannter (nicht süßlich) die Erwachsenen bei ihrem Nein bleiben, desto schneller wird das Kind wieder ruhig. Lange Erklärungen ziehen die Situation oft unnötig in die Länge.

Wie soll man sich gegenüber der kindlichen Reaktion auf ein Nein verhalten?

Man muss sie ernst nehmen. Auf keinen Fall darf man sie ins Lächerliche ziehen oder kritisieren. Die kleinen Menschen brauchen diese Reaktion, um wieder ins Gleichgewicht zu kommen. Nur wenn man die Zeit bekommt, sich von seinem Wunsch zu verabschieden, kann man nachher wieder zur Ruhe kommen.

Wichtig: Machen Sie das Kind nicht schlecht dafür, dass es sich etwas wünscht und seinem Temperament entsprechend kämpft. Sonst bekommt es das Gefühl, dass es falsch ist sich etwas zu wünschen.

Kritisieren Sie es nicht dafür, dass es schreit. Je mehr Sie in den Prozess eingreifen, desto länger ziehen Sie die Situation in die Länge. Wenn Sie das Geschrei nicht aushalten, gehen Sie in einen anderen Raum und beschäftigen sich mit anderen Dingen. Das Kind braucht einfach Zeit, um sich von seinem Wunsch zu verabschieden

Häufiger Konfliktablauf

Das Kind hat einen großen Wunsch, z.B. es will Fernsehen, ein Eis, ein neues Spielzeug. In dem Moment sollen Sie sich gut überlegen, ob Sie mit einem Ja oder Nein antworten.

Wenn Sie das Gefühl haben, es ist nur ein halbherziges Nein und das Kind muss nur lange genug betteln oder schreien dann wird aus dem Nein ein Ja, sagen Sie doch lieber gleich von Beginn an mit einem guten Gewissen Ja und freuen Sie sich mit Ihrem Kind. Wenn Sie nicht sicher sind, können Sie auch sagen: »Ich muss es mir erst überlegen.« Somit geben Sie sich Zeit und müssen nicht unter Druck entscheiden.

Falls Sie sich nun für ein Nein entschieden haben, kommt es ganz sicher zum Kampf!

Vor dem haben die meisten Eltern Angst und sagen aus diesem Grund irgendwann Ja, um nicht schon wieder ein Geschrei zu haben. Dieser Kampf wird, je nach Temperament des Kindes, mehr oder weniger dramatisch ausfallen. Es ist ein gutes Zeichen, wenn Ihr Kind sich für etwas, was ihm wichtig ist, einsetzten kann. Das wird es im Leben immer wieder brauchen. Bleiben Sie ruhig und klar (sofern es Ihnen gelingt) bei Ihrem Nein!

Nach der ersten heftigen Reaktion (die auch schon etwas länger ausfallen kann), zieht sich das Kind häufig zurück – in eine Ecke, unter den Tisch, in ein Zimmer und will seine Ruhe haben. Machen Sie jetzt nicht den Fehler, möglichst schnell das Kind wieder herauszulocken (meist sehr lieb und süß). Das Kind braucht seine Zeit, sich von seinem Wunsch zu verabschieden. Es durchlebt eine Trauerphase.

Die Gehirnforschung hat nachgewiesen, dass das Kind in dieser Phase ganz viel lernt: Das Gehirn lernt Frustrationstoleranz! Eine Eigenschaft, die vielen Kindern abhanden gekommen ist. Hormone werden im Gehirn ausgeschüttet und lassen das Frontalhirn reifen, das Kind wird empathischer.

Anschließend kehrt oft auf wundersame Art Ruhe ein. Das Kind beschäftigt sich alleine mit einem Spiel, liest und kommt dann aus seinem Versteck hervor und ist überraschend stabil.

Den Machtkampf beginnen häufig die Erwachsenen

Wenn man weiß, dass diese Reaktionen der Kinder ganz normal sind und dass es wichtig ist, diese ernst zu nehmen, kann man sich auch entspannen, wenn es zu so einer Konflikt-Situation kommt. Das Kind ist nicht falsch oder verzogen. Es ist der natürliche Entwicklungsprozess. Wichtig auch, nehmen sie das Geschrei des Kindes nicht persönlich. Das Kind will keinen Machtkampf ausüben. Das liegt nicht in seiner Natur. Den Machtkampf beginnen die Erwachsenen, wenn sie dem Kind nicht den Raum geben, mit seinem Frust fertig zu werden und sein Verhalten abstellen möchten. Das funktioniert nie.

Je öfter das Kind die Erfahrung macht, dass die Erwachsenen ruhig bleiben, wenn es kämpft und dass es in seinen Wünschen ernst genommen wird, desto kürzer werden die Kampfphasen werden.

Wie kann ich das Selbstwertgefühl meines Kindes stärken?

Zuerst ist es interessant zu wissen, was das Selbstwertgefühl überhaupt ist. Es setzt sich aus zwei Komponenten zusammen:

Zum einen, was ich über mich weiß - Selbst-Gefühl - und zum anderen, wie ich zu dem stehe, was ich über mich weiß, welchen Wert ich mir gebe.

Zum Beispiel weiß das Kind, dass es sich nicht traut auf den Baum zu klettern. Und dann geht es darum, wie es dazu steht. Findet es das schlimm, dass es sich nicht traut? Schämt es sich? Fühlt es sich als Versager? Oder kann das Kind das einfach akzeptieren und dazu stehen?

Ein gesundes Selbstwertgefühl erkennt man daran, dass man sich nüchtern, differenziert und akzeptierend betrachtet. Es macht einen großen Unterschied, ob ich mich als Versager fühle und mich schäme, weil ich nicht gut singen kann oder ob ich sage: »Gut, ich werde keine Opernsängerin, aber das ist ok.«

Ein gesundes Selbstwertgefühl ist das *psychische Immunsystem* eines Menschen. Mit einem gesunden Selbstwertgefühl kommt man leichter durch Krisen und schwierige Zeiten.

Das Kind ernst nehmen und unsere Freude über das Kind zum Ausdruck bringen

Es gibt vor allem zwei Dinge, mit denen man das Selbstwertgefühl der Kinder fördern kann. Zum einen, indem wir das, was in Kindern vorgeht, wahrnehmen und ernst nehmen. Wenn es traurig ist, dann sagen wir: »Ah, ich sehe du bist traurig. Erzähl mir, was dich so traurig macht.« Wenn es frustriert ist oder wütend ist, gilt das Selbe: »Du bist aber sehr wütend. Mich interessiert was dich so wütend macht.«

Es geht darum, wahr zu nehmen, was in dem Kind vorgeht, sich dafür interessieren und es ernst nehmen. Durch unsere neugierige, interessierte Haltung lernt das Kind, was in ihm vorgeht und es lernt, dass es in Ordnung ist so zu fühlen. Das gilt schon bei Kleinkindern. Wenn es drei Mal den Brei beim Essen ausspuckt, kann man freundlich fragen: »Aha, du bist satt?!« So bekommt das Kind Worte für seine Befindlichkeit: wenn ich so fühle, heißt das, dass ich satt bin. Diese anerkennenden Worte für sein Erleben stärken sein Selbstgefühl, also sein Wissen über sich selbst. Gleichzeitig lernt es, dass es auch in Ordnung ist, satt zu sein. Es fühlt sich also weiterhin wertvoll für die Mutter und zwar so, wie es im Augenblick ist.

Das zweite, das das Selbstwertgefühl des Kindes – und eines jeden Menschen - stärkt ist, wenn wir unserer Freude über seine pure Existenz zum Ausdruck bringen. Wenn wir uns über das Kind freuen, ohne dass es dafür etwas leisten muss, ohne dass es etwas dafür tun muss. Ganz gut können das Kinder spüren, wenn wir mit ihnen albern, lachen, herumtollen und dabei glücklich sind, wenn sie das Glitzern in unseren Augen sehen. Wir müssen unserer Freude über das Kind Ausdruck verleihen. Es in uns selbst zu fühlen genügt nicht. Wir müssen es den anderen auch spüren lassen.

Anerkennung für das, was es IST, nicht für das, was es TUT

Kinder bauen durch Lob oder Kritik, wie z.B.: »brav bist du«, »toll machst du das«, oder »das war aber dumm« kein Selbstwertgefühl auf. Lob und Kritik sind Bewertungen von Leistung. Wenn wir Kindern dabei helfen wollen Selbstwertgefühl aufzubauen, brauchen sie unsere Anerkennung für das was sie SIND - ohne Beurteilung. Wenn das Kind glücklich auf der Rutsche steht und schreit: »Mama schau!«, dann genügt es die Freude des Kindes wahrzunehmen und zurückzulächeln. »Ja ich sehe dich. Sieht aus als macht es dir großen Spaß.«

Die Feinde des Selbstwertgefühls sind: Beschämung, Kritik und Schuldzuweisungen

»Was schmollst du wieder so rum. Hör endlich auf!« »Benimm dich nicht wie ein Idiot und sperr deine Ohren auf, wenn ich dir etwas sage!« Diese Kritik führt nur dazu, dass das Kind sich dumm, falsch und schuldig fühlt für das, was im Augenblick gerade in ihm vorgeht. Und diese Gefühle brennen sich in ihm ein. Es wird sich dann ein Leben lang für sich selbst schämen. Warum?

Kinder verhalten sich zu sich selbst so, wie wir uns ihnen gegenüber verhalten haben

Sie denken also so über sich selbst, wie wir uns ihnen gegenüber verhalten haben. Es lohnt also zu prüfen, wie oft wir Kinder kritisieren und beschämen. Nehmen wir Kinder wahr und ernst, so wie einen erwachsenen lieben Freund. Wir können ruhig Nein sagen zu den momentanen Wünschen der Kinder, ohne sie jedoch für ihren Wunsch zu beschämen.

Was bitte ist Gleichwürdigkeit?

Eltern stellen oft die Frage, wie sie das Selbstwertgefühl der Kinder fördern können. Entscheidend ist, dass man Kindern gleichwürdig begegnet. Gleichwürdig heißt, dass die Wünsche, Bedürfnisse, Grenzen, Wertvorstellungen und Gedanken eines jeden Familienmitgliedes wahr- und ernst genommen werden, unabhängig vom Alter, vom Gesundheitszustand oder vom Geschlecht.

Wahr- und ernstnehmen erfüllt das Grundbedürfnis, gesehen zu werden

Niemand wird für das, was er fühlt, denkt und tut gekränkt, kritisiert, gedemütigt oder lächerlich gemacht.

Dieses wahr- und ernst nehmen erfüllt das fundamentale menschliche Bedürfnis gesehen und gehört zu werden so wie man ist. Das lässt Kinder ein gesundes Selbstwertgefühl entwickeln, denn sie fühlen sich wertvoll und »richtig«, so wie sie sind.

Mit jeder Kritik, jedem Sarkasmus und jeder Respektlosigkeit fühlen sich Kinder falsch und schuldig. Gleichwürdigkeit ist eine innere Haltung, die vor allem dadurch ausgedrückt wird, wie wir miteinander sprechen und umgehen.

Wie begegnen wir uns?

Eltern tun sich oft schwer, die Wünsche ihrer Kinder ernst zu nehmen, weil sie glauben, nun müssen sie den Wunsch auch erfüllen. Und Kinder haben ja ständig Wünsche. Nur weil ich jedoch jemanden in seinem Wunsch ernst nehme, heißt das nicht, dass ich ihn auch erfüllen muss. Aber es macht einen großen Unterschied WIE ich dem Wünschenden begegne.

Es macht einen Unterschied, ob ich den Wunsch anerkenne und dann Nein dazu sage, oder ob ich jemanden dafür kritisiere, dass er einen Wunsch äußert: »Hör auf zu jammern mit deiner Puppe«, »Du bist nie zufrieden, immer willst du etwas.«, »Hast du mein Nein nicht verstanden? Wie oft muss man dir etwas sagen?« Diese Antworten kränken, erniedrigen, beschämen und kritisieren das Kind und verletzten es somit in seiner Integrität. Es fühlt sich falsch und schuldig, überhaupt einen Wunsch zu haben.

Wie kann man sich gleichwürdig äußern?

»Ich sehe, wie sehr du dir diese Puppe wünscht, sie ist ja auch wunderschön, aber ich will sie dir jetzt nicht kaufen«. Das ist eine klare Aussage, die niemanden kränkt. Die Mutter nimmt das Kind ernst und sie nimmt sich selbst ernst. Das zeigt dem Kind: »Man darf sich selbst ernst nehmen und kann dabei auch den anderen respektieren.« Dieses Verhalten macht großen Eindruck auf das Kind, auch wenn es im Moment vielleicht frustriert ist, da es nicht bekommt was es wollte. Aber es ist in seiner Würde nicht verletzt worden: keine Kritik, keine Schuldzuweisung, kein Heruntermachen. Menschen, die sich ernst genommen fühlen, pochen auch nicht so sehr darauf, das ihrige unbedingt durchzusetzen.

Es kommt nicht auf den Inhalt an, ob ich Ja oder Nein zu etwas sage, sondern WIE ich etwas sage, ob ich die Würde des Kindes respektiere.

»Ich will jetzt nicht mit dir spielen. Ich will eine halbe Stunde rasten.« Contra: »Siehst du nicht, dass ich müde bin? Wann verstehst du das endlich?«

»Ich will, dass du die Jacke aufhängst, weil ich nicht darüber fallen will.« Contra: »Du Bengel! Wenn du nicht endlich lernst deine Jacke aufzuhängen, muss ich andere Seiten aufziehen.«

Es ist wichtig, über sich selbst zu sprechen, über die eigenen Wünsche und Ansichten

Das kann auch ruhig wütend sein: »Verflixt. Ich will, dass du meinen Computer in Ruhe lässt. Das macht mich wütend!« anstatt: »Kannst du nicht hören du Lausbub. Immer spielst du an meinen Sachen. Du nervst.«

Wenn ich über mich spreche, dann verletze ich den anderen nicht, sondern achte seine Würde und meine. Es wird niemand verletzt und dennoch sage ich klar, wo meine Grenzen sind. Ich achte also meine und deine Grenzen.

Das stärkt das Selbstwertgefühl des Erwachsenen, weil er Verantwortung für sich übernimmt und es stärkt das Selbstwertgefühl des Kindes, weil es erlebt: Man darf in dieser Familie die eigenen Grenzen wahren ohne dabei andere zu verletzen.

Schon mal was von Integrität gehört?

In einer Familie ist es am wichtigsten für die Entwicklung der Kinder, WIE wir einander begegnen. Das beeinflusst die Qualität der Beziehung. Und die Qualität der Beziehungen in der Familie hat direkten Einfluss auf die Entwicklung der Kinder: Auf die Entwicklung ihres Selbstwertgefühls, darauf ob die Kinder lernen, gut für ihre Bedürfnisse zu sorgen und sich auch abgrenzen können und somit Eigenverantwortung lernen. Darauf ob Kinder lernen Nein zu sagen, wenn sie etwas nicht wollen, darauf ob sich die Kinder wertvoll fühlen oder nicht.

In der Familie ist es wichtig, dass die Integrität aller gewahrt wird

Wir betonen bewusst, dass die Integrität der Eltern UND die der Kinder gewahrt wird.

Was heißt Integrität? Integrität meint Unversehrtheit, Ganzheit. Wenn ich als Erwachsener mit Integrität handle, dann sorge ich dafür, dass meine Grenzen gewahrt werden und ich erfülle meine Bedürfnisse. Integrität ist also die Summe meiner Grenzen und Bedürfnisse. Darum muss ich mich kümmern, um ein gutes Leben führen zu können.

Wenn eine Mutter immer nur gibt und gibt, bis sie völlig ausgelaugt ist, dann hat sie ihre Integrität verletzt. In Folge ist sie erschöpft und fühlt sich vielleicht sogar noch schuldig dafür, dass sie nicht soviel Kraft hat. Das heißt, sie hat ihre Bedürfnisse und Grenzen nicht respektiert. Sie hat sich selbst nicht ernst genommen.

Kinder können ihre Integrität alleine nicht schützen

Das heißt, sie spüren zwar wenn sie jemand verletzt, mit kränkenden Worten oder mit Schlägen, aber sie können sich nicht schützen.

Ein Baby spürt, wenn es satt ist. Wenn die Mutter aus Angst, es könnte zu wenig gegessen haben, es aber weiter füttert, obwohl das Kind nicht mehr will, nimmt sie seine Grenzen nicht ernst. Kinder wollen auch nicht immer Küsse von Verwandten oder wollen nicht immer kuscheln. Auch hier muss man ihre Grenzen respektieren, wenn man ihre Integrität wahren will.

Die Grenzen des Kindes lernt man Schritt für Schritt kennen, indem man seine Reaktionen im Auge behält, ernst nimmt und respektiert. Ein Kind zeigt, wenn es genug Kontakt hat oder wenn es das Bedürfnis nach Kontakt hat. Wenn man es aufmerksam beobachtet, es ernst nimmt und darauf achtsam reagiert, dann wahrt man seine Integrität.

Indem wir die Gefühle, Bedürfnisse und Grenzen der Kinder ernst nehmen, wahren wir ihre Integrität

Wenn ein Fünfjähriger wütend wird, dann macht es Sinn, sich nicht gleich angegriffen zu fühlen, sondern ihn zu fragen: »Ich sehe, dass du sehr wütend bist. Was macht dich so wütend?«

Wenn der Säugling drei Mal den Brei ausspuckt, kann ich einfühlend zum Baby sagen: »Ah, du bist satt.« So nehme ich seine Signale, seine Grenzen ernst und gleichzeitig gebe ich dem Kind Worte für sein Sattheitsgefühl.

Warum ist das so wichtig? Weil Kinder sich zu sich selbst so verhalten, wie sich die Erwachsenen ihnen gegenüber verhalten. Wenn die Erwachsenen die Kinder ernst nehmen, ihre grundlegenden Bedürfnisse erfüllen und ihre Grenzen wahren, dann werden sich die Kinder später selbst ernst nehmen und die Verantwortung für sich übernehmen können. So werden sie keine Mitläufer oder Opfer.

Dessen Grenzen verletzt werden, fühlt sich wertlos und missachtet. Das sind Gefühle, die ein ganzes Leben prägen können. Wenn wir die Integrität der Kinder wahren, können sie ein gesundes Selbstwertgefühl und Eigenverantwortung entwickeln, weil sie erleben, dass sie respektiert werden und wertvoll für die Eltern sind.

Werte sind wichtiger als Methoden

Sind auch Sie oft unsicher, wie Sie mit den Kindern umgehen sollen? Eltern hinterfragen sich heute sehr oft, ob das auch richtig ist, was sie machen. Und das ist gut so. Das eröffnet mehrere Möglichkeiten. Allerdings bringt es auch Verunsicherung.

Eltern wollen Kinder, die funktionieren sollen

Dafür werden in der Unsicherheit gerne Methoden angewendet, damit das Kind endlich das macht, was man von ihm will. Da gibt es propagierte Einschlafmethoden oder den stillen Stuhl, der zurzeit in Mode ist: dabei wird das Kind bei einem Konflikt ins Zimmer geschickt bis es sich wieder beruhigt hat.

All das sind Methoden, die Eltern etwas Sicherheit vermitteln, damit das Kind funktioniert. Aber wie empfinden das die Kinder? Kinder sind richtige Menschen und fühlen wie richtige Menschen. Stellen Sie sich vor, Ihr Partner wendet bei Ihnen eine Methode an, damit Sie sich so verhalten wie er/sie es möchte. Ist das nicht demütigend? Genauso erleben es Kinder. Sie werden zum Objekt!

Wenn es um Kindererziehung geht, ist es keine gute Idee, sich Methoden anzueignen

Eine bessere Idee ist es, sich seiner Werte bewusst zu werden: Was glaube ich? Wie denke ich? Welche

Werte, die ich von zu Hause mitbekommen habe, erweisen sich für mein eigenes Leben als brauchbar? Wie möchte ich, dass sich meine Kinder entwickeln: sollen sie verantwortliche, selbstständige Menschen werden, die sich selbst und andere respektieren? Es ist sinnvoll, sich mit seinem/r Partner/in darüber zu unterhalten, welche Werte man den Kindern für ihr Leben mitgeben möchte.

Wenn Erwachsene Kindern bestimmte Werte mitgeben möchten, dann geht das nicht mit Belehrung oder Demütigung. Was wirkt ist WIE die Erwachsenen selbst diese Werte leben und sie zum Ausdruck bringen. Und zwar in ihren Beziehungen zu den Kindern, in ihren Beziehungen zu anderen Erwachsenen und besonders zum eigenen Partner.

Die Werte zeigen sich darin, WIE Sie mit sich selbst, dem Partner und den Kindern umgehen

Einige Werte, die Kindern dabei helfen Selbstwertgefühl zu entwickeln, sind folgende:

Kindern tut es gut, wenn Eltern *authentisch* sind. Das heißt, dass sie zu sich, ihren Gefühlen und Gedanken stehen und über sich sprechen. Das zeigt Kindern: es ist in Ordnung so zu sein wie man ist. Man darf die eigenen Gefühle ausdrücken.

Eltern sind ein gutes Vorbild, wenn sie *Verantwortung* für ihr eigenes Wohlergehen übernehmen. Das zeigt Kindern: man darf für sich selbst Sorge tragen.

Man darf sich um die eigenen Grenzen und Bedürfnisse kümmern.

Es stärkt Kinder, wenn sie mit *Respekt* behandelt werden, auch wenn es zum Konflikt kommt. Es kommt darauf an, wie man miteinander spricht. Spreche ich darüber, was ich vom Kind will und nicht will oder kritisiere ich es für sein Verhalten. Bei einem Konflikt mit einem Kind tut es Kindern gut, wenn Erwachsene

mit ihm so sprechen, als würden sie den Konflikt mit einem lieben Freund haben, den sie nicht verlieren möchten.

Gestehe ich dem Kind die gleiche *Würde* zu wie einem Erwachsenen? Das heißt, ich nehme das Kind in seinen Bedürfnissen, Grenzen, Wünschen, Ängsten und Gedanken gleich wahr und ernst wie einen Erwachsenen.

Das sind Werte, die Kinder übernehmen, wenn Eltern sie leben. Dann sind Eltern wie Leuchttürme, die klare Signale aussenden, an denen sich die Kinder gut orientieren können.

Zutaten für gelingende Beziehungen

Hand auf's Herz: Wer wünscht sich nicht gute zwischenmenschliche Beziehungen? Und das aus gutem Grund! Die Gehirnforschung bestätigt es nun: »Die zentrale Motivation des Menschen sind Zuwendung und gelungene zwischenmenschliche Beziehungen. Wir sind auf soziale Resonanz und Kooperation angelegte Wesen. Kern aller menschlichen Motivation ist es, Anerkennung, Wertschätzung, Zuwendung oder Zuneigung zu finden und zu geben«, schreibt der Medizinprofessor Joachim Bauer in seinem Buch »Prinzip Menschlichkeit – Warum wir von Natur aus kooperieren«.Und das aus gutem Grund! Die Gehirnforschung bestätigt es nun: »Die zentrale Motivation des Menschen sind Zuwendung und gelungene zwischenmenschliche Beziehungen. Wir sind auf soziale Resonanz und Kooperation angelegte Wesen. Kern aller menschlichen Motivation ist es, Anerkennung, Wertschätzung, Zuwendung oder Zuneigung zu finden und zu geben«, schreibt der Medizinprofessor Joachim Bauer in seinem Buch »Prinzip Menschlichkeit – Warum wir von Natur aus kooperieren«.

Unser Gehirn »belohnt« uns für intakte Beziehungen

Dann nämlich schüttet es Botenstoffe aus, die uns glücklich machen, die Stress, Angst und Schmerz lindern, die Entspannung und Vertrauen fördern. Diese Botenstoffe sind Wohlfühlstoffe machen regelrecht süchtig! Sie nennen sich Dopamin, endogene Opiode und Oxytozin. Sie werden immer dann ausgeschüttet, wenn wir uns verbunden, anerkannt, geliebt, gemocht und wertgeschätzt fühlen, bzw. liebevollen Körperkontakt haben.

Leben wir in belastenden Beziehungen, wird man abgewiesen, ausgegrenzt oder verliert Beziehungen, sind Schmerzen, Angst und Stress die Folge. Dabei unterscheidet das Gehirn nicht zwischen psychischen und physischen Schmerz, denn auch der psychische Schmerz ist körperlich spürbar, weil gerade die genannten Botenstoffe nicht mehr ausgeschüttet werden. »Bindung und soziale Akzeptanz sind aus biologischer Sicht ebenso unverzichtbar, wie ausreichend Nahrung und Abwesenheit von körperlichem Schmerz«, liest man bei Bauer.

Was aber machen gute Beziehungen aus?

Darüber können Bücher gefüllt werden. Hier ein paar der wichtigsten Komponenten. Bereits ein Ausfall von einer dieser Elemente belastet Beziehungen und das nicht nur in der Familie und im Freundeskreis, sondern auch am Arbeitsplatz und in der Schule.

Sehen und Gesehen werden: Das klingt banal, ist es aber nicht. Gemeint ist damit, dass man den anderen wahrnimmt als Mensch mit seinen Gefühlen, Gedanken, Erlebnissen und dass man sich selbst wahrgenommen fühlt, was beinhaltet, dass man sich auch zeigt, also authentisch ist. »Nichtbeachtung ist ein Beziehungs- und Motivationskiller und Ausgangspunkt für aggressive Impulse«, so Bauer.

Gemeinsame Aufmerksamkeit gegenüber etwas Drittem: Es geht darum, dem Anderen Aufmerksamkeit zu schenken, für das was ihn beschäftigt, sich damit gemeinsam auseinanderzusetzen.

Emotionale Resonanz: Das heißt, mit dem Gegenüber mitfühlen, sich auf seine Stimmung zu einem gewissen Grade einlassen. Wenn jemand traurig ist und ich es einfach ignoriere und so tu, als wär nichts, schafft das Distanz.

Gemeinsames Handeln: »Etwas ganz konkret miteinander zu machen ist ein meist völlig unterschätzter, tatsächlich aber in hohem Maße Beziehung stiftender Aspekt«, schreibt Bauer.

Verstehen von Motiven und Absichten: Dies ist nicht gegeben, wenn ich davon überzeugt bin zu wissen, warum der andere etwas macht, das heißt, wenn ich sein Verhalten interpretiere ohne nachzufragen. Um den anderen zu verstehen, muss ich immer wieder in Dialog mit ihm gehen und mich mit Offenheit für ihn interessieren.

Wenn uns das gelingt, in der Familie oder Partnerschaft, in der Nachbarschaft, in der Gemeinde, bei der Arbeit oder in der Schule, dann entstehen Momente gelingender Beziehung, die die Grundlage für jede gute Beziehungskultur sind.

Da geht schon Mal die Puste aus

Das Kleinkind schreit, die Größere rennt wie verrückt durch die Wohnung und dann klingelt auch noch das Telefon. Gleichzeitig soll das Abendessen zubereitet werden. Der Wäscheberg wird auch nicht von alleine kleiner und am nächsten Morgen soll diese Frau bei der Arbeit wieder voll konzentriert sein. Die Mehrfachbelastung wächst, Stress ist die Folge. »Meistens sind es die Mütter, die zuerst ausgebrannt sind«, so die Dipl. Pädagogin Friederike Otto.

Ist der Körper dauernd in Alarmbereitschaft, leidet langfristig die Gesundheit darunter

Dann ist es schwer, die Überforderung nicht an das Kind weiterzugeben. Gestresste Mütter reagieren häufiger abweisend und aggressiv auf ihre Kinder. Schon kleinste Probleme erhöhen den Stresslevel. An Entspannung ist auch dann nicht zu denken, wenn sich die Wogen längst wieder geglättet haben. Auf den Schultern der Mütter lastet viel Arbeit und große Verantwortung, die oft nicht einmal Anerkennung erfährt.

Überforderte Eltern tun sich schwer, angemessen auf die Bedürfnisse der Kinder einzugehen

Das wirkt sich auch auf die Kinder aus. Sie werden unruhig, quengelig, können sich nicht so gut konzentrieren und können Probleme schlechter lösen.

Bei uns herrscht immer noch der alte Mythos »der sich aufopfernden Mutter«: Eine Mutter muss immer da sein für ihre Familie. Aber wo bleiben die Bedürfnisse und Grenzen der Mütter? Oft auf der Strecke. Ist die Mutter am Ende ihrer Kräfte, reagieren die Kinder verunsichert, und das Paar verliert den Kontakt zueinander.

Das Wohlbefinden der Mutter hat große Priorität

Es allem anderen unterzuordnen schadet nicht nur der Mutter selber, sondern der ganzen Familie. Viele Mütter erleben sich als egoistisch, wenn sie einmal »Nein« sagen zu den Wünschen der Familie. Den Vätern fällt dies häufig etwas leichter. Aber gerade dieses »Nein- Sagen« muss gelernt werden. Dies fällt leichter, wenn es als »Ja« zu sich selbst verstanden wird. Wenn ich mir selber zustimme (Ja sage) kann ich leichter guten Gewissens »Jetzt nicht«, »Nein, das mag ich nicht« »nein, ich habe keine Lust/Geduld/ Energie, ... mehr« sagen. Sonst brenne ich aus. Frauen dürfen lernen »Stopp« zu sagen, wenn es zu viel wird. Da gilt es Auszeiten zu suchen, Netzwerke zu bauen, den Partner mehr einzubeziehen, Verwandte um Hilfe zu bitten. Es ist auffällig, wie schwer sich manche Mütter tun, andere um Hilfe zu bitten. Das ist kein Zeichen der Schwäche, sondern ein Zeichen von der Übernahme der Verantwortung für sich selbst. Erwachsene, die Verantwortung für sich übernehmen, sind ein wunderbares Vorbild für ihre Kinder.

Entspannte und zufriedene Eltern tun Kindern gut

Wichtig sind offene Gespräche mit dem Partner (oder mit Freunden, sollte kein Partner da sein). Gemeinsam gilt es Wege zu suchen, wo die Frau wieder Kraft schöpfen kann. Diese Wege sind in jeder Familie unterschiedlich. Wichtig aber ist, dass die Situation ernst genommen und gemeinsam nach Lösungen gesucht wird.

Keinem Kind geht es besser als seinen Eltern. Kinder fühlen sich schuldig, wenn es den Eltern schlecht geht. Wer sich selbst Gutes tut, der tut automatisch den Kindern Gutes. Entspannte und zufriedene Eltern erlauben dem Kind es selbst zu sein, sich zu entspannen und sich zu entfalten.

Deshalb: Nehmen Sie sich selbst ernst als Frau und Mutter. Übernehmen Sie Verantwortung für Ihr Wohlbefinden. Das tut nicht nur Ihnen selbst gut, sondern bereichert die ganze Familie.

Partnerschaft als Dach der Familie

Ein Baby kommt zur Welt und nichts ist wie zuvor. Die Elternschaft bricht über zwei Menschen herein und nicht die kühnsten Träume haben dem Paar verraten, wie sehr sich das Leben ändern wird. Als Eltern wird man nicht geboren. In diese Rolle wächst man langsam, gemeinsam mit dem Kind hinein. Eine gute Partnerschaft ist das schützende Dach über den Kindern.

Sich weiterhin gut um sich als Liebespaar, als Frau und Mann zu kümmern, tut Kindern gut

Man hört nicht auf Frau oder Mann zu sein, wenn man Eltern wird, auch wenn die meisten jungen Eltern, von ihrer Elternschaft so erfüllt sind, dass das Paarleben für einige Jahre in den Hintergrund tritt. Je besser es dem Paar geht, desto entspannter können die Kinder sein und sich um ihr eigenes Leben kümmern. Wenn die Erwachsenen beginnen ihre emotionalen Bedürfnisse nicht mehr gegenseitig zu stillen, dann springen Kinder unbewusst gerne ein, was diese überfordert. Da werden die Kinder unbewusst zum gefühlsmäßigen Ersatz für den Partner/die Partnerin, der/die sich emotional zurückzieht.

Es ist also mehr als berechtigt, der Liebesbeziehung oberste Priorität einzuräumen

Kinder wünschen sich immer, dass es Mami und Papi miteinander gut geht. Das entlastet die Kinder. Gerade Männer können dabei ihren Frauen helfen, nicht in ihrer Mutterrolle zu versinken, sondern immer wieder aufmerksam auf ihre eigenen, individuellen Bedürfnisse als Frau und als Partnerin hinzuspüren. Das absolut Beste, was Eltern für ihre Kinder tun können, ist somit die gute Pflege ihrer Partnerschaft und die Pflege »ihrer Selbst« als Individuen. Das heißt, dass jedes Elternteil sich selbst um seine eigene Integrität (Grenzen und Bedürfnisse) kümmert und die Verantwortung für sich selbst übernimmt.

Müde Eltern

Auf nichts fiebern werdende Eltern so sehr hin wie auf die Geburt ihres Kindes. Alles soll perfekt sein, alles vorbereitet. Nach der Geburt ist das Kind da und das Glück häufig getrübt. Die Eltern sind müde, gestresst, total erschöpft und kurz davor, in Tränen auszubrechen. Tag und Nacht unterscheiden sich kaum noch. Das Kind schläft nicht und die Eltern folglich auch nicht. Was können Eltern tun, um diese anstrengende Phase zu meistern?

Realistische Erwartungen an sich stellen

Der Familientherapeut Jesper Juul erklärt: »Die Erwartungen der Eltern werden immer romantischer. Sie haben die Idee, dass sie ihre Familie zu einem Mini-Paradies machen können. Und in einem Paradies ist man nicht frustriert, nicht verärgert, hat keine Konflikte.« Besonders die ersten Monate mit einem Säugling sind durchaus anstrengend. Und das dürfen sie auch sein. Deswegen haben Mütter aus gutem Grund auch manchmal einen Durchhänger oder sind frustriert. Eines ist klar: In den Familienmodus zu wechseln ist hart. Dafür braucht es Zeit und Geduld. Kinder sind keine Maschinen. Sie müssen das Schlafen erst lernen.

Regelmäßig selbst Ruhephasen einlegen

Das Kind ist das Spiegelbild des Gegenübers. Wenn die Mutter gestresst und unruhig ist, dann ist es das Kind auch. Deswegen: Stellen Sie sich auf den Rhythmus Ihres Kindes ein! Vielen Frauen fällt es schwer, tagsüber zu schlafen. Doch wie soll man Ruhe und Gelassenheit auf das eigene Kind übertragen, wenn man selbst total übermüdet ist? Ein Mittagsschlaf reicht oft aus, um die schlaflosen Nächte besser zu überstehen. Genauso wichtig wie regelmäßige Ruhephasen für Mutter und Kind sind körperliche Aktivitäten im Freien.

Den Rhythmus des Kindes akzeptieren

Dass man an ein drei-Monate-altes Baby nicht die gleichen Anforderungen wie an ein dreijähriges Kind stellen kann, sollte jedem klar sein. Trotzdem wird es manchmal vergessen. Oft geht es nur darum, wann das Kind endlich durchschläft und Mütter prahlen mit Sätzen wie: »Also, mein Kind hat schon mit fünf Monaten durchgeschlafen.« Davon sollte man sich nicht beeindrucken lassen, denn jedes Kind hat seinen eigenen Rhythmus.

Beim Einschlafen sinnvoll helfen

Natürlich sind Einschlafrituale wichtig, solange sie sinnvoll sind. Dabei sollte auf ausgefallene Schlafrituale wie eine halbe Stunde den Fön laufen lassen, mit dem Auto ein Stück fahren u.a.m. vermieden werden. Kinder sollen lernen unter »normalen« Bedingungen einzuschlafen. Mit dem Kind kuscheln oder etwas vorsingen sind zum Beispiel schöne Methoden, um Nähe zu zeigen und beim Einschlafen zu helfen. »Dem Kind soll klar sein: Wir Eltern sind zwar nicht bei dir im Bett oder im Zimmer, aber in Gedanken bei dir. Und wir passen auf dich auf«, so Kast-Zahn.

Eine Reizüberflutung im Kinderzimmer, wie Spielzeug-Mobiles über dem Bett, störende Geräusche oder unnützes Licht, sollte vermieden werden. So werden die Sinne der Kinder übermäßig im Bett stimuliert. Die Kinder kommen nicht zur Ruhe. Es gilt: Ein eher dunkles, ruhiges und gut gelüftetes Zimmer hat eine beruhigende Wirkung und hilft dem Kind beim Einschlafen.

Auf das Bauchgefühl hören

Jedes Kind ist individuell. Schlafprobleme können nicht nach einem bestimmten Schema behandelt werden. In einer Welt voller Erziehungsratgeber und Besserwisser haben viele Eltern eines vergessen: Das richtige Bauchgefühl. Denn wer weiß am besten, was dem eigenen Kind gut tut. Eltern müssen wieder lernen, sich zu vertrauen, Neues auszuprobieren und dabei keine Angst vor Fehlern zu haben.

Erwachsene bestimmen die Qualität der Beziehung

In Erwachsenen-Kind-Beziehungen gibt es auch heute noch eine Doppelmoral: »Wenn die Beziehung gut ist, schreiben sich das die Erwachsenen zu. Wenn die Beziehung schlecht ist, ist das Kind schwierig!« Ist das so? Nein! Der erste Satz stimmt, aber der zweite Satz stimmt nicht wirklich. Wenn Kinder schwierig werden, dann ist das ein eindeutiges Zeichen, dass in einer für sie wichtigen Beziehungen etwas nicht stimmt, dass sie leiden. Aber Kinder können nicht sagen: »Hey Papi, zwischen uns stimmt was nicht, lass uns reden.« Kinder können zwar auf die Beziehung zu den Erwachsenen Einfluss nehmen, aber sie können nicht über die Qualität der Beziehung bestimmen.

Kinder können mitbestimmen was zu Abend gegessen wird, können aber nicht bestimmen, wie die Stimmung bei Tisch ist. Für die Beziehungsqualität tragen die Erwachsenen, auch in der Schule, die Verantwortung. Warum? Weil sie die Macht in dieser Beziehung haben. Auch in einer Firma bestimmt der Chef mit der Art und Weise, wie er mit seinen Mitarbeitern umgeht, den Ton in der Firma. Weil er die Macht und somit die Verantwortung für die Umgangsformen, die Stimmung in der Gemeinschaft hat.

Wie wird mit Konflikten umgegangen?

Wenn Kinder tyrannisch werden und alle nach ihrer Pfeife tanzen »müssen«, dann ist das so, als ob die

Familie auf einem Schiff wäre und die Eltern das Steuer den Kindern überlassen würden. Das geht schief. Wie der Ton in der Familie ist, wie mit Konflikten und unterschiedlichen Anschauungen umgegangen wird, wie auf Fehler reagiert wird, wie die Grenzen und Bedürfnisse der einzelnen Familienmitglieder respektiert werden, dafür sind die Erwachsenen verantwortlich, weil sie die Führungsaufgabe in der Familie haben. Auch in der Schule ist das so. Die Erwachsenen bestimmen über den Umgangston in Familie und Schule, auch wenn ein Kind vor dem Erwachsenen tobt. Der Erwachsene bestimmt darüber, WIE er auf das Kind reagiert. Schimpft und kränkt er das Kind und verletzt damit seine Würde oder begegnet er dem Kind mit Respekt: »Ich höre, dass du sehr wütend bist. Ich geh jetzt fünf Minuten in die Küche, um mich zu beruhigen. Dann interessiert es mich, was dich so wütend macht. Denk darüber nach und erzähl es mir dann.«

Unsere wunden Punkte

Oft trifft uns das Verhalten der Kinder an unseren wunden Punkten und wir flippen aus. Gern geben wir dem Kind die Schuld an unserer Reaktion, an unseren Gefühlen. Aber sind die Kinder für unsere Gefühle der Ohnmacht, der Wut, des Schmerzes, der Hilflosigkeit wirklich verantwortlich? Für meine Gefühle bin ausschließlich ich verantwortlich, genauso für die Worte, die aus meinem Mund kommen und für meine Gedanken und Handlungen.

Es gibt Tage, an denen wir in Krisensituationen

gelassen reagieren und andere, an denen wir sofort aus der Haut fahren. Unsere Reaktion hängt von uns selbst ab: Hatten wir heute Streit mit dem Chef, haben wir zu wenig geschlafen oder bereitet uns etwas Sorgen? Nicht selten erwischen uns unsere Kinder an unseren Verletzungen, die wir seit unserer Kindheit in uns tragen: an unserem Gefühl der Wertlosigkeit, an dem Gefühl nicht ernst genommen und gehört zu werden. Das tut weh! Aber dafür können die Kinder nichts. Da dürfen wir uns selbst in unseren Gefühlen ernst nehmen und uns um uns selbst kümmern. So helfen uns unsere Kinder richtig erwachsen zu werden. Das ist ein Geschenk.

Übernehmen wir Verantwortung für die Qualität der Beziehung zu unserem Kind

Diese Verantwortung können nur wir als Erwachsene tragen. Warum? Weil wir die Macht, die Lebenserfahrung und die Führungsaufgabe haben.

Trennung und dann?!

»Glückliche Scheidungen gibt es nicht«, sagt klar und unmissverständlich der Familientherapeut Jesper Juul. Trennung tut weh, den Eltern und ganz besonders auchden Kindern.

Für zwei bis zwölf jährige Kinder ist die Trennung immer eine Katastrophe

Es herrscht das Gefühl, alles was ich bis jetzt gekannt habe, habe ich verloren. Kinder fallen in eine Art Schock, haben ein Trauma – was jedoch nicht eine Traumatisierung heißen muss, so Jesper Juul.

Kinder lieben beide Eltern und hoffen immer noch auf ein gutes Ende. Sie sind *hoffnungslose Romantiker,* auch wenn die Beziehung der Eltern noch so destruktiv ist. Aus diesem Grund machen Kinder alles Mögliche, damit die Eltern wieder zusammen kommen. Manche werden sogar ernsthaft krank (z.B. magersüchtig, u.a.) oder werden auffällig, damit sich die Eltern gemeinsam um das Problem kümmern müssen. Andere hingegen werden *unsichtbar,* wollen keine Probleme machen und wollen damit unbewusst die Eltern entlasten, was sich jedoch ungünstig auf die kindliche Persönlichkeitsentwicklung auswirkt. Für Jugendliche ist die Trennung auch sehr traurig, viele sind auch erleichtert.

Kindern brauchen Eltern, die anständig miteinander umgehen

Wichtig ist, dass die Erwachsenen die volle Verantwortung für die Trennung übernehmen. Das heißt, dass sie sich überlegen sollen, wann und wie sagen wir es unserem/n Kind/ern? Was sagen wir und wie bereiten wir uns vor? Eltern sollen ehrlich mit den eigenen Gefühlen umgehen und auch sagen, dass sie traurig sind. Eltern sollten spätestens jetzt lernen, über Gefühle zu sprechen. Für viele ist das jedoch schwierig, da sie es bis jetzt auch nicht geschafft haben.

Wenn Eltern sich jedoch nicht einigen können und zu viele destruktive Streitigkeiten haben, dann müssen sie Begleitung oder Hilfe holen. Damit Scheidungen nicht traumatisierend auf Kinder wirken, müssen Eltern respektvoll miteinander umgehen. Wenigstens so respektvoll, wie sie mit einem Fremden umgehen würden. Machtkämpfe und gegenseitiges Schlechtmachen sind eine ungeheure Belastung für Kinder.

Kinder trauern anders als Erwachsene

Während trauernde Erwachsene über eine längere Zeit sehr bedrückt sind, trauern Kindern in Schüben. Sie sind fünf Minuten traurig, dann spielen sie, sind wieder traurig, dann schlafen sie, trauern, essen,... Eltern glauben häufig, dass die Kinder darüber hinweg sind, wenn sie ihre Kinder fröhlich spielend erleben. Doch Kinder brauchen drei bis vier Jahre – wie bei einem Todesfall – um über diese Trauer hinwegzukommen.

Sie brauchen Verständnis für das eigene Leiden, Zeit und Raum sich zurückziehen zu können. Es kann sein, dass das Kind schlecht schläft, Alpträume oder Bauchweh hat, plötzlich kindlich und klebrig wird, es unbedingt ein Essen will und dann hat es keinen Hunger mehr, es aggressiv gegen einen oder beide Eltern wird... Andere wiederum sind ganz weit weg und ziehen sich emotional zurück. Wichtig ist, dass alle Gefühle des Kindes Platz haben und anerkannt werden. Man kann den Kindern die schmerzhaften Gefühle nicht nehmen, aber man kann begleitend da sein.

Den Kindern geht in dieser Zeit die Sicherheit verloren

Sie fühlen sich einsam und vor allem schuldig. Sie haben das Gefühl, dass sie für die Trennung verantwortlich sind, da sich viele Streitereien um die Kinder drehen. »Ihr streitet immer über mich!« Man muss den Kindern mitunter auch 500x sagen, dass sie nicht Schuld an der Trennung sind. Wichtig ist, dass Erwachsene mit Respekt den Gefühlen der Kinder begegnen, mit ihnen reden, einfach da sind und Zeit mit ihnen verbringen. Es hat wenig Sinn während der gemeinsamen Zeit in einen Freizeitstress zu verfallen, das Kind ständig abzulenken oder es mit Geschenken beglücken zu wollen. Das ist eine Kompensation des eigenen schlechten Gewissens.

Klare Abmachungen, an die sich die Eltern halten, sowie Rituale geben dem Kind die Sicherheit, die es in dieser schwierigen Zeit braucht.

Weitere Infos und eine Broschüre zum Herunterladen unter:

www.familienberatung.it ,
Eltern bleiben trotz Trennung

Erwachsene übernehmen persönliche Verantwortung

Es gibt Tage, an denen wir in Krisensituationen gelassen reagieren und andere, an denen wir sofort ausflippen, mehr als angebracht wäre. Z.B. wenn das Kind ein Glas absichtlich runter wirft, oder wenn das Kind sich weigert aufzuräumen, usw.

Wovon hängt unsere Reaktion ab?

Vom Kind? Wohl kaum. Dann müssten wir ja immer gleich oder ähnlich reagieren. Unsere Reaktion hängt wohl eher von uns selbst ab: Ob wir grad Streit mit dem Chef hatten, ob wir zu wenig geschlafen haben oder ob uns etwas Sorgen bereitet. Nicht selten werden wir auch von Mustern geleitet, die uns seit der Kindheit prägen. Viele Eltern stellen dann mit Erschrecken fest, dass sie sich ihren eigenen Kindern gegenüber so verhalten, wie es bereits ihre Eltern bei ihnen taten und das, obwohl sie sich geschworen hatten, alles anders machen zu wollen. Kommt Ihnen das bekannt vor?

Wir müssen uns grundsätzlich fragen, welche Art der Beziehung wir zu unseren Kindern aufbauen wollen. Da wir die Erwachsenen sind, müssen wir die Verantwortung für unsere Gefühle, Handlungen und Reaktionen übernehmen.

Wie kann diese Verantwortung konkret aussehen?

Wenn das Kind z.B. absichtlich etwas kaputt macht und ich sofort losbrülle, kann ich – wenn sich die Lage wieder beruhigt hat, zum Kind hingehen und sagen: »Tut mir Leid, dass ich dich vorhin so angebrüllt habe. Ich war soo wütend, dass du das kaputt gemacht hast. Und ich hab es nicht geschafft, ruhiger zu reagieren.«

Oder wenn ich z.B. das Gefühl habe, dass ich den Kontakt zu meinem 13-jährigen Sohn verloren habe, ihn nicht mehr erreichen kann, dann muss ich mich fragen, was ich tun kann, um die Beziehung zu ihm zu verbessern. Nicht indem ich einen Vortrag darüber halte, dass er mir endlich zuhören soll, oder indem ich weinerlich sage, ich hätte doch alles für ihn getan und das sei nun der Dank... Nein, indem ich zu ihm hingehe und – so ehrlich und authentisch wie möglich sage: »Lieber Sohn, ich bin über die Art unserer Beziehung unglücklich. Ich hab alles Mögliche versucht, um mit dir eine Beziehung aufzubauen. Aber« – und das ist nun der schwierigste Satz – »es ist mir nicht gelungen. Jetzt möchte ich von dir wissen: Wie geht es dir mit mir? Was soll ich in deinen Augen anders machen?«

Bereitschaft für Veränderung signalisieren

Was passiert, wenn wir unserem Kind so begegnen und zugeben: »Es ist mir nicht gelungen, mit dir eine für beide Seiten erfüllende Beziehung aufzubauen.

Ich brauch deine Hilfe.«? Erwachsene haben dabei wohl das Gefühl, sich eine Blöße zu geben und ihre Autorität zu verlieren. Dabei ist es eine ehrliche Stellungnahme, die dem Kind zeigt, dass ich nicht ihm die Schuld zuschiebe, sondern dass ich selbst Verantwortung übernehme. Und vor allem: Ich mache den ersten Schritt, ich zeige mein Interesse, ich signalisiere Bereitschaft für Veränderung.

Es kann sein, dass Ihr Kind auf Ihre Frage patzig reagiert und sagt: »Boh, keine Ahnung. Lass mich in Ruh.« Dann geben Sie nicht gleich auf, lassen Sie sich nicht täuschen, sondern sagen Sie: »Ich kann verstehen, dass

du mir nicht so schnell eine Antwort darauf geben kannst. Ich frag dich in ein paar Tagen noch einmal. Bitte denk darüber nach. Du bist mir wichtig.« Und nach ein paar Tagen, stellen Sie die Frage nochmals.

Übernehmen Sie Verantwortung für die Qualität der Beziehung zu Ihrem Kind

Diese Verantwortung können nur Sie als Erwachsener tragen. Machen Sie den ersten Schritt. Eventuell auch einen zweiten und dritten. Dann können Wunder geschehen.

Wie geht das mit den Grenzen?

Kinder suchen Grenzen! Kinder brauchen Grenzen! Diese Aussagen scheinen wir für wahr zu halten. Aber dem ist nicht so.

Kinder suchen keine Grenzen. Kinder suchen Kontakt

Kinder wollen ihre Eltern und andere Erwachsene kennenlernen. Sie wollen wissen, wer diese wirklich sind. Sie suchen nach der authentischen Persönlichkeit von Vater und Mutter. Und natürlich treffen sie dabei auf die Grenzen der Eltern und überschreiten diese auch immer wieder. Kinder wollen wissen: Ist dieses Ja wirklich ein Ja? Ist dieses Nein wirklich ein Nein? Kinder suchen Authentizität und spüren, wenn Menschen nicht authentisch sind.

Wenn ich Nein sage, aber ein schlechtes Gewissen dabei habe, dann spüren die Kinder das. Da ist es besser zu sagen: »Ich muss erst kurz überlegen, ob ich dir das erlauben will oder nicht. Ich gebe dir in einer Stunde Bescheid.« Das ist authentisch und der Erwachsene nimmt sich selbst ernst.

Kinder brauchen Menschen um sich, die ihre eigenen Grenzen und Bedürfnissen ernst nehmen

Grenzen per se haben keinen Wert, aber Kinder brauchen unbedingt Menschen, die sich selbst spüren können, die eigenen Bedürfnisse wahrnehmen und sich selbst ernst nehmen. In Beziehungen spielt die Wahrung der eigenen Grenzen eine wichtige Rolle. Grenzen ergeben sich aus meinen Bedürfnissen heraus. Sie ergeben sich aus dem, was ich will und nicht will, was ich mag und nicht mag. Daher ist es gut, wenn Eltern von sich reden: »Ich mag nicht alle Tage Boden wischen. Daher will ich, dass das Haus ohne Schuhen betreten wird.« oder: »Ich will heute ab 20 Uhr Zeit für mich, daher will ich, dass alle Kinder um diese Zeit in ihrem Bett/Zimmer sind.«

Leider äußern wir Grenzen häufig mit Kritik:

»Schalte die Musik leiser! Siehst du nicht, dass ich das nicht vertrage. Wie oft soll ich dir das noch sagen?!«

Wenn Eltern ihre Grenzen mit einer persönlichen Sprache klar ausdrücken, also über sich selbst sprechen, was sie wollen und nicht wollen, dann ist das eine warme Kommunikation, denn die Eltern zeigen sich wie sie sind. Das verschafft den Eltern persönliche Autorität, und Kinder lernen ihre Person zu respektieren.

»Ich will nicht, dass du so laut Musik hörst.« Jugendliche: »Aber gestern war es dir egal.« Mutter: »Ja, gestern war es mir egal, aber heute nicht. Ich bin müde. Ich will, dass du die Musik jetzt etwas leiser machst. Danke.« Hier gibt es keine Kritik am Kind, wie beim oberen Beispiel, dafür aber eine klare Aussage des Erwachsenen.

Kinder lernen, was ihnen vorgelebt wird – auch in Konflikten

Wenn man beim Setzen der Grenzen die Grenzen der Kinder missachtet, indem man sie kritisiert oder beleidigt, dann lernen diese nicht was ihnen gesagt wird, sondern was ihnen vorgelebt wird. Sie lernen, dass man andere in ihren Grenzen verletzten darf, um die eigenen zu wahren. Somit werden sie auch immer mehr die Grenzen der Eltern verletzten. Wenn Eltern hingegen über sich selbst sprechen, ohne die Kinder zu kritisieren, dann lernen die Kinder, wie man sich abgrenzt ohne dabei den anderen zu verletzen.

Für kleine Mädchen ist es wunderbar, wenn sie eine Mutter haben, die gut auf die eigenen Grenzen schaut und nicht immer zur Verfügung steht. So lernt auch das Mädchen: wir Frauen dürfen uns selbst ernst nehmen und uns anderen gegenüber abgrenzen. Natürlich gilt das auch für Jungen und Väter.

Wenn man mit Konsequenzen droht, dann hat man beziehungsmäßig aufgegeben

Die Eltern erwarten dann nicht mehr, dass das Kind ihre Persönlichkeit respektiert, sondern hoffen darauf, dass das Kind genug Angst vor den Strafen hat. Und da stellt sich die wichtige Frage: Will ich, dass das Kind mich respektiert? Oder will ich, dass es Angst vor den Strafen hat? Wenn ich will, dass das Kind mich respektiert, dann sollte ich mich so zeigen wie ich bin und darüber sprechen, was ich will und was ich nicht will. Das schafft Nähe und Wärme in der

Beziehung. Kinder wollen ihre Eltern kennenlernen. Je authentischer diese sind, desto leichter fällt dies den Kindern.

Warum Kinder Grenzen missachten

Wenn Kinder sich weigern angemessene und vernünftige Grenzen zu respektieren, die von Eltern und Pädagogen vorgegeben werden, liegt das fast immer daran, dass Inhalt und (versteckte) Botschaft auseinanderklaffen, also ein Widerspruch zwischen Reden und Handeln besteht, so der bekannte dänische Familientherapeut Jesper Juul.

Eltern verhindern oft selbst, dass ihre Grenzen respektiert werden

Häufig schicken Eltern ihren Aufforderungen eine kritische Bemerkung hinterher, die der Aussage mehr Gewicht verleihen soll. Diese Nachsätze drücken beim Kind *indirekt* Kritik aus.

Zum Beispiel: »Zieh die Schuhe aus, ehe du ins Wohnzimmer gehst. Das verstehst du doch wohl!« Was bedeutet: du bist offenbar zu dumm, um das zu verstehen. Oder: »Spiel nicht mit dem Essen. Dazu bist du doch wirklich zu alt.« Was bedeutet: du bist offenbar immer noch ein Baby.

Nachsätze können auch direkte Kritik zum Ausdruck bringen: »Zieh die Schuhe aus, ehe du ins Wohnzimmer gehst. Du hörst auch wirklich nie zu, wenn man dir etwas sagt!« Oder: »Spiel nicht mit dem CD-Player. Du machst ihn nur kaputt!«

Wer auf diese Art versucht seinen Kindern Grenzen zu setzen, der scheitert fast immer.

Man scheitert, so Juul, weil diese Aussagen von negativen Erwartungen bestimmt sind. Das löst bei den Kindern das Gefühl aus, dass mit ihnen etwas nicht stimmt, dass sie als Mensch nicht wertgeschätzt werden. Häufig fühlen sie sich gedemütigt. Es ist dieses Erlebnis, das sich in ihnen festsetzt und nicht der Wunsch der Eltern, dass sie sich an die vorgegebenen Regeln halten.

Aus der Hirnforschung weiß man heute, dass Kinder - und Menschen allgemein - nicht lernen können, wenn sie sich dumm vorkommen. Da blockiert das Gehirn und nimmt den gewünschten Lerninhalt nicht richtig auf. Vielleicht kennen Sie das selbst: Wenn man sich in einer Situation dumm vorkommt, ist es schwierig, sich auf etwas zu konzentrieren und zu lernen.

Wie kann man aber seine Grenzen angemessen formulieren?

Ganz einfach, indem man klar sagt, was man will und was man nicht will: »Ich will, dass du deine Schuhe im Gang ausziehst. Ich mag es nicht, wenn das Wohnzimmer mit Straßenschuhen betreten wird.« Ob dies freundlich oder wütend klingt, ist nicht so wichtig. Seien Sie authentisch. Was wichtig ist: Hier gibt es keine Kritik, keine Schuldzuweisung, keine Demütigung und die Aussage ist ganz klar. Das macht Eindruck auf die Kinder und hilft ihnen zu wissen WER Sie als Eltern sind und WAS Sie wollen.

Eine hilfreicher Tipp beim nächsten Mal könnte sein: Würden Sie diese Aufforderung so auch einem guten Freund sagen?

Wahrscheinlich werden Sie als Eltern gewisse Anweisungen ihrem Kind öfter sagen müssen. Das ist normal und nicht schlimm, vor allem, wenn sie es nicht mit einem aggressiven Unterton machen. Auch wir lernen das meiste, indem wir Inhalte ein paar Mal gehört haben.

Warum Konflikte wichtig sind

Kinder haben viele Wünsche, das ist ganz normal. Die Schwierigkeit vieler Eltern ist, wie sie damit umgehen sollen. Eine heftige Schreiattacke auf der Straße oder die x-te Auseinandersetzung am Tag zehren sehr an den Nerven der Eltern.

Wie läuft eigentlich ein Konflikt ab und was lernen die Kinder dabei?

1. Das Kind hat einen Wunsch.

2. Sie als Eltern oder Großeltern können nun Ja sagen - wenn es für Sie stimmig ist. Sie können auch Nein sagen, wenn Sie von diesem Nein überzeugt sind. Wenn Sie nur ein halbherziges Nein sagen, spüren das die Kinder und beginnen so lange zu betteln oder zu schreien, bis Sie dann doch wieder Ja sagen. In einem solchen Fall können Sie gleich von Beginn an dem Wunsch des Kindes zustimmen!

Oder Sie können auch sagen, dass Sie es sich erst überlegen müssen. Dabei nehmen Sie das Kind und sich selbst ernst und bewahren alle vor unüberlegten Entscheidungen.

3. **Falls Sie ein klares Nein aussprechen, kommt es in der Regel nun zu einem Konflikt!** Dieser kann - je nach Charakter und Temperament des Kindes - unterschiedlich heftig ausfallen: Es kann weinen, sich auf den Boden schmeißen oder schreien. Genau vor die-

sem Konflikt, der so nervenaufreibend ist, fürchten sich die meisten Eltern! Dieser Kampf ist aber wichtig. Dabei lernt das Kind, sich für die eigenen Interessen einzusetzen.

4. Sie können in Ruhe und ohne schlechtes Gewissen bei ihrem Nein bleiben. Wichtig ist, dass das tobende Kind für seinen Wunsch und seine Reaktion nicht kritisiert, gedemütigt, lächerlich gemacht oder entwürdigt wird.

5. Wenn Sie beim Nein bleiben, wird das Kind nach dem Kampf einen großen Frust oder Trauer verspüren! Es will jetzt in Ruhe gelassen werden, niemand soll es mehr angreifen, es verkriecht sich unter den Tisch oder es fliegen Zimmertüren. Rückzug ist nun angesagt. Das Kind muss sich jetzt von seinem Wunsch innerlich verabschieden. Es ist gut, wenn dem Kind dieser Rückzug gewährt wird. Sie brauchen jetzt nicht das Kind aufheitern, es beruhigen, ihm alles breit erklären. Das Kind braucht nun Zeit für sich. Es verarbeitet seinen Frust.

Diese Erfahrung führt dazu, dass Kinder lernen, dass andere Menschen anders sind als sie selbst. Während dieser Verarbeitung schüttet der Körper Hormone aus, die die Hirnreifung vorantreiben. Dabei wird das Einfühlungsvermögen gestärkt.

Sich immer wieder von Wünschen zu verabschieden und dabei Frust zu bewältigen, ist eine wichtige Lernerfahrung, die das Kind ein Leben lang brauchen wird.

6. Nach einer gewissen Zeit kehrt Ruhe ein. Meist kommt das Kind von sich aus wieder aus seinem Schlupfloch heraus und ist überraschenderweise relativ ruhig. Wichtig ist, dass die Eltern nicht mehr in der »Kampfhaltung« drinnen sind, sondern es einfach gut sein lassen.

»Es gehören auch Tränen zur Nahrung, die Kinder brauchen, wenn sie authentische Beziehungen zu anderen Menschen aufbauen wollen«, so Juul. Es ist nicht die Liebe, die Eltern dazu veranlasst, ihren Kindern jede Frustration zu ersparen. Entweder ist es Sentimentalität oder der Wunsch, als guter Vater oder gute Mutter erlebt zu werden, so Juul. Das Kind lernt in solchen Konflikten, bei dem seine Würde respektiert wird, jedoch nicht jeder Wunsch erfüllt wurde, Frustrationstoleranz und Konfliktfähigkeit. Liebe bedeutet, auch mal »Nein« zu sagen – zum Wohle aller.

Ein »ich will« schafft Klarheit

Was die Entwicklung von Kindern am meisten beeinflusst ist die Qualität der Beziehungen, welche die Erwachsenen unter sich und zu den Kindern haben. Die Beziehungen sind das, wie wir miteinander umgehen. Und beim Umgang mit den anderen hat die Sprache eine große Bedeutung.

Wie wir miteinander sprechen, beeinflusst unsere Beziehungen fundamental

Es gibt die soziale Sprache, die wir im Umgang in der Gesellschaft benutzen. Es ist eine Sprache, die Distanz erlaubt. »Würden Sie mir bitte eine Semmel geben?«, »Hätten Sie einen Kaffee für mich?« usw.

In Familien und in engen Beziehungen funktioniert die soziale Sprache nicht gut. Es hat sich erwiesen, dass die persönliche Sprache hier effizienter ist.

Die persönliche Sprache fördert Nähe, Kontakt, Respekt und Klarheit in Beziehungen

Mit der persönlichen Sprache zeige ich mich in aller Offenheit. Ich zeige, was mir wichtig ist, was ich will und nicht will, welche Werte ich habe und wie es mir geht. Dabei ist es wichtig, dass ich über MICH spreche. »Ich will / ich will nicht.« »Ich mag / ich mag nicht.« Diese beiden Ausdrucksformen sind in der persönlichen Sprache sehr wichtig und wie die Erfahrung zeigt auch sehr wirkungsvoll. Diese Aussagen zeigen dem Gegenüber wer ich im Augenblick bin. Ich zeige mich offen und gleichzeitig rede ich von mir und kränke das Kind nicht. Dabei kann ich gern freundlich bleiben.

Es geht also nicht darum, etwas zu befehlen, sondern meinen Wunsch klar zu äußern

Das ist ein großer Unterschied. »Ich will, dass du meinen Computer in Ruhe lässt.« anstatt »Kannst du meinen Computer nicht in Ruhe lassen, du Rotzbengel!« oder »Ich will jetzt ein halbe Stunde rasten.Ich will, dass du leise bist.« anstatt »Siehst du nicht, dass ich müde bin. Hast du keine Augen im Kopf.«

Sie merken, dass es einen großen Unterschied macht, ob ich über mich spreche oder den anderen kritisiere. Auch große pädagogische Erklärungen in der Hoffnung, dass das Kind einverstanden ist, gehen oft bei den Kindern vorbei, weil die Eltern nicht klar hinter ihrem Wunsch stehen.

Kindern gibt diese persönliche Ausdrucksweise Sicherheit

Sie erkennen wo die Grenzen ihrer Eltern verlaufen und was sie wollen. An persönlichen Aussagen kann man sich gut orientieren. Diese Aussagen können auch heftig, wütend oder frustriert sein: »Ich will, verflixt noch mal, dass du die Musik jetzt leiser machst. Mir geht das auf die Nerven. Ich will jetzt Ruhe haben.« Das Wichtigste ist, hier gibt es keine Kritik an der anderen Person, keine Drohung, keine Demütigung.

Mit der persönlichen Aussage spreche ich über MICH, und das macht Eindruck. Gleichzeitig gebe ich das Vorbild, dass es in dieser Familie erlaubt ist, über sich selbst zu sprechen. Das schafft warme Beziehungen und Nähe.

Kinder wollen immer mit ihren Eltern zusammenarbeiten und wertvoll für sie sein. Wenn Erwachsene sich persönlich ausdrücken, können Kinder Respekt vor deren Persönlichkeit entwickeln, anstatt Angst vor Konsequenzen und Strafen zu haben.

Wir sind es in unserer Kultur nicht gewohnt »ich will« zu sagen

Das hat man uns abgewöhnt und wir denken, es sei frech oder es sei ein Befehl. Deshalb haben viele Hemmungen dies zu sagen. Aber klare, freundliche Aussagen wirken auf Kinder wunderbar. Wenn Ihr Kind nicht Zähne putzen will, sagen Sie freundlich und bestimmt: »Ich will, dass du deine Zähne jetzt putzt.« Dann verlassen Sie den Raum und geben Ihrem Kind Zeit. Meist dauert es nur ein paar Minuten, bis das Kind seinen Unwillen überdacht und sich freiwillig dazu entschieden hat, Ihren Willen zu erfüllen.

Persönliche Aussagen schaffen Kindern ganz viel Klarheit und daran können sie sich gut orientieren. Wichtig ist, dass Sie sagen, was Sie wollen, nicht nur das, was Sie nicht wollen. »Ich will nicht, dass du mit der Vase spielst. Ich will, dass du sie zurückstellst.«

Und dann gehen sie und vertrauen dem Kind, dass es mit Ihnen kooperiert.

Nein!
Heute nicht.

Nein zu einem lieben Menschen zu sagen, ist nicht leicht. Viele Eltern sagen oft Ja, um einem Konflikt aus dem Wege zu gehen, um einfach Ruhe zu haben oder weil sie denken, ein Nein könnte die Kinder unglücklich machen.

Aber: Wenn Eltern zu oft Ja gesagt haben als sie eigentlich wollten, um kein schlechtes Gewissen zu haben oder um dem Konflikt auszuweichen, dann passiert das, was dann wirklich schmerzhaft wird für Kinder. Dann kommt oft das aggressive, drohende Nein und allerhand Kritik:

- Kannst du nicht hören? Ich hab's dir doch schon so oft gesagt.

- Kannst du nicht endlich einsehen, dass das nicht geht? Warum bist du nur so bockig?

- Jetzt reicht's mir aber mit deinen Wünschen!

Oder das Kind oder der Wunsch werden abgewertet:

- Das Piercing sieht einfach lächerlich aus.

- Du hast schon so viel Spielzeug, was wünscht du dir denn noch alles?

- Du bist heute überhaupt nicht brav und
  machst mich ganz traurig, wenn du nicht
  endlich damit aufhörst.

Aus der Tatsache heraus, dass wir aus den falschen Gründen zu lange Ja gesagt haben, entsteht oft Wut, Überforderung und Aggression in uns: »So jetzt reicht es aber wirklich!«

Kränkend für die Kinder ist dann, dass wir ihnen die Schuld für unsere Überforderung und Ärger geben, da wir vorab nicht gut für unsere Bedürfnisse gesorgt haben und nicht Nein gesagt haben, als wir es wollten. Und diese Schuldzuweisung kränkt die Kinder.

Jede Liebesbeziehung, auch die zu den eigenen Kindern, beginnt mit einem bedingungslosen Ja

Und so muss es sein. Aber jeder kann sich nur gesund weiterentwickeln, wenn er sich mit seinen Bedürfnissen und Grenzen ernst nimmt. Und daraus ergibt sich die unbedingte Notwendigkeit manchmal Nein sagen zu müssen. Dieses Nein ist kein Nein zum Anderen, sondern ein Ja zu sich selbst. Und dieses Ja zu sich selbst ist wunderbar und notwendig, wenn die Beziehung intakt bleiben soll.

Und so ist es auch mit Kindern. Ein klares Nein, ohne Aggression, ohne Vorwurf, zeigt dem Kind: Aha, so ist es jetzt mit meinem Vater, mit meiner Mutter. Das schafft Klarheit und Kontakt. Daran kann man sich gut orientieren, auch wenn man frustriert ist.

Frust ist für Kinder kein Problem

Die Hirnforschung bestätigt, dass Frusterlebnisse wichtig sind, um sein Einfühlungsvermögen zu bewahren. Ein Leben lang müssen wir uns alle immer wieder von Wünschen verabschieden und da erleben alle Frust, Enttäuschung oder auch Trauer. Es kommt allerdings darauf an WIE das Nein gesagt wird. Sage ich klar, ohne schlechtes Gewissen:

- Nein, ich will dir jetzt kein Eis kaufen.

- Nein, jetzt darfst du nicht so laut Musik hören. Ich will eine halbe Stunde rasten.

- Ich weiß im Moment nicht, ob du dir ein Piercing machen lassen darfst. Darüber muss ich erst nachdenken.

- Nein, du darfst nicht länger aufbleiben. Ich will, dass du ins Bett gehst.

All diese Neins sind klare Ausdrücke dessen, was ich im Augenblick will und denke

Ich zeige mich, ich gehe in Kontakt, ich drücke mich authentisch und echt aus: ich will nicht, ich mag nicht. Ich spreche bei diesen Neins von mir und kritisiere nicht den Wunsch des anderen, weil ich mich nicht getraue offen Nein zu sagen.

Es ist ein Bedürfnis der Kinder Eltern zu haben, die sich selbst mit ihren Bedürfnissen und Grenzen ernst nehmen. Ein Nein zu lauter Musik heute Nachmittag löst zwar Frust aus, nährt aber das Bedürfnis des Kindes, einen Erwachsenen zum Vorbild zu haben, der sich selbst ernst nimmt. Dies zeigt dem Kind: In dieser Familie darf man seine Bedürfnisse und Grenzen ernst nehmen.

Letztlich können wir nur dann aus vollem Herzen Ja zu uns und zueinander sagen, wenn wir auch zu einem authentischen Nein in der Lage sind.

Dürfen Kinder NEIN sagen? – ein Erfahrungsbericht

Mein Enkelsohn, heute 10 Jahre alt, war stets rebellisch. Er hat seinen eigenen Kopf, den er auch durchsetzen will. An und für sich richtig, wir wollen ja, dass die Kinder selbstständig werden und die eigene Meinung vertreten. In der Praxis ist dies aber alles andere als einfach. Auch ich hatte meine Kämpfe, sei es mit meinen Kindern damals, sei es mit meinen Enkeln heute, die viel bei mir sind. Da fing ich an, mir Gedanken darüber zu machen, ob es nicht auch anders geht. Es kann doch nicht immer bei jeder Kleinigkeit endlose Diskussionen oder Schimpftiraden geben.

Ich habe mich zu der Zeit mit den Büchern des Familientherapeuten Jesper Jul auseinander gesetzt. Da habe ich seine These – ein Kind darf auch NEIN sagen – an einem ganz konkreten Beispiel ausprobiert. Alle kennen wir die Situation: Wir wollen, dass das Kind etwas tut, eine Anordnung befolgt. Heute sprechen wir ja nicht mehr einfach nur im barschen Ton einen Befehl aus – was zwar immer noch häufig gang und gebe ist, sondern ersuchen höflich darum. Glauben wir jedenfalls. Irgendwann hab ich meinen Irrtum begriffen.

Klare Ansagen erwünscht

Meine erwachsene Tochter hat mir erzählt, sie hätte sich immer fürchterlich geärgert, wenn ich zu ihr sagte: »Möchtest Du den Tisch decken?«. Sie hätte gerne NEIN gesagt, sich aber nicht getraut. Ich war der Meinung, ich hätte sie mit meiner Frage gelockt, mir zu helfen. Tatsächlich habe ich sie aber gefragt, ob sie es tun möchte und sie wollte nicht. Sie hat es widerwillig dann doch gemacht. Jesper Juul sagt, Kinder brauchen klare Ansagen darüber, was wir von ihnen wollen. Es ist ein Unterschied, ob ich frage: »Möchtest du Spaghetti oder Spätzle zum Mittagessen?« oder ob ich frage: »Möchtest du mir helfen?« (»oder nicht« steckt in der Frage ja drinnen).

Nachdem ich mir darüber klar wurde, hab ich's bei meinem Enkel ausprobiert. Ich fragte: »Hilfst du mir aufräumen?« Prompt kam die Antwort: »NEIN!«. Na ja, ich hatte auch keine Lust, den Kram wegzuräumen, den er liegen gelassen hatte. Entsprechend war ich wütend, hab mich aber beherrscht und nur gesagt: »OK passt.« Eine klare Ansage war das ja nicht, es war eine Frage.

Die Reaktion meines Enkels war mehr als interessant: Er hat mich mit großen Augen angeschaut. Ich fing an wegzuräumen und plötzlich half er mir. Wir haben nicht weiter darüber gesprochen.

Das nächste Mal, als ich etwas von ihm wollte, hab ich klar gesagt: »Bitte, trag das Glas in die Küche.« Dies war eine klare Ansage, dass ich etwas von ihm wollte. Ich glaube, er wusste nicht so recht, wie er mit der Situation umgehen sollte und hat ein bisschen gezögert. Ich habe aber nichts weiter gesagt und machte meine Arbeit weiter. Er hat das Glas genommen und in die Küche gebracht. Ich hab danke gesagt, und damit war's erledigt.

Ich fand es äußerst interessant, wie unterschiedlich sich die gleichen Situationen entwickelt hatten

Ich habe dann ein paar Mal ähnliche Situationen mit beiden Varianten bewusst durchgespielt und dabei festgestellt: Bei einer klaren Ansage darüber, was ich von ihm wollte (selbstverständlich freundlich), hatte ich keine Probleme mehr. Es kann schon passieren, dass er sagt: »Oma, ich hab jetzt wirklich keine Zeit.« (Was wohl meistens eher mit »keine Lust« übersetzt werden müsste). Normalerweise aber klappt es.

Ich habe aber gelernt, dass »cool« bleiben und über das eigene Verhalten nach zu denken die bessere Reaktion ist, als mit Drohungen, Niedermachen und schlechtem Gewissen-Machen zum Ziel kommen zu wollen. Wenn die Kinder bei solchen Androhungen doch FOLGEN (wie wir es aus unserer früheren Erziehung kennen), ist das Ergebnis für keinen der Beteiligten befriedigend.

Bei dieser Geschichte bin ich mir auch darüber klar geworden, Kinder müssen ja lernen Nein zu sagen, damit sie im späteren Leben wissen, WANN und WIE sie Nein sagen sollen, und Eltern und Großeltern können ihnen dabei helfen.

Nicht jeder Wunsch kann erfüllt werden

Wer kennt das nicht: Eltern gehen einkaufen, haben eine lange Liste im Kopf und sind unter Zeitdruck. Die Kinder sehen die vielen tollen Spielsachen oder Süßigkeiten und versuchen die Eltern lautstark oder bettelnd davon zu überzeugen, dass sie dies oder jenes unbedingt brauchen.

Viele moderne Eltern befinden sich in einem Dilemma:

Heute können wir uns vieles leisten - sicherlich mehr als noch frühere Generationen. Das sehen auch die Kinder und wünschen sich vieles. Es ist o.k., wenn sich Kinder etwas wünschen. Die Eltern können ihnen dabei helfen zu erkennen, dass nicht jeder Wunsch, und wenn möglich auch noch JETZT, erfüllt werden kann.

Wenn z.B. ein Junge seine Mutter fragt, ob er das schöne rote Feuerwehrauto haben kann, könnte sie antworten: »Das muss ich mir erst noch überlegen.« Etwas später kann sie sagen: »Ja, du darfst dir heute eine Kleinigkeit aussuchen.« – dann ist für das Kind alles wunderbar. Oder sie sagt mit ruhiger Stimme und freundlichem Blick: »Nein, heute will ich dir nichts kaufen.«

Das Kind ernst nehmen

Wenn der Sohn weiter insistiert, dass er dieses Feuerwehrauto doch soo sehr wünscht, kann die Mutter darauf eingehen. »Ja, das ist ein schönes Auto.« Die Mutter geht auf die Augenhöhe des Sohnes und betrachtet mit ihm das gewünschte Objekt. Dabei signalisiert sie ihm, ich nehme dich ernst, ich höre dich. Sie kritisiert oder schimpft ihn nicht, dass er sich etwas wünscht.

Eltern tun sich oft schwer, die Wünsche ihrer Kinder ernst zu nehmen, weil sie denken, dann müssen sie den Wunsch auch erfüllen. Aber die Wunscherfüllung ist nicht so wichtig. Das Kind muss auch mit der Antwort der Eltern nicht einverstanden sein. Es darf ruhig frustriert sein und das auch ausdrücken. Frust schadet nicht. Wichtig ist, dass das Kind sich gesehen und gehört und somit ernst genommen fühlt. Es erlebt so, man darf aussprechen, was in einem vor geht, was man sich wünscht. Obwohl nicht alle Wünsche erfüllt werden, wird man ernst genommen.

Bedürfnisaufschub ist eine wichtige Kernkompetenz

Natürlich sind die meisten Kinder mit einem Nein nicht gleich einverstanden, doch durch die Art und Weise, wie mit ihnen gesprochen wird, fühlen sie sich ernst genommen. Kinder lernen dabei auch Bedürfnisse und Wünsche aufzuschieben. Sie lernen etwas abwarten zu können. Das ist eine wichtige Fähigkeit im sozialen Miteinander, was schwer zu lernen ist und immer wieder geübt werden muss. Es schützt auch vor der »Schuldendfalle« im jungen Erwachsenenalter, wenn die Verlockungen nach den neusten technischen Geräten oder Kleidern oft sehr groß sind.

Das ganze Geheimnis liegt im ersten Nein der Mutter, das sie klar aber nicht grob sagen soll

Sie soll davon selbst überzeugt sein, dass sie heute dieses Geschenk nicht kaufen will. Wenn sie das nicht ist, kann sie genauso gut von Anfang an Ja sagen und die Freude mit ihrem Sohn teilen.

Lieber Lachen, als genervt die Augen rollen

Neulich sagte eine Mutter: »Eigentlich bin ich ein fröhlicher Mensch, doch ich ertappe mich immer wieder, wie ernst ich den ganzen Tag mit meinen Kindern spreche und ihnen Anweisungen gebe. Dabei möchte ich doch, dass meine Kinder mit viel Freude und Lachen groß werden.«

Wir alle wünschen uns Kinder, die voll Zuversicht und Optimismus in die Welt hinausgehen. Doch wie schaffen wir das? »Die wichtigste Voraussetzung für einen humorvollen Erziehungsstil ist eine positive Einstellung zu Fehlern. Kein Mensch ist fehlerfrei! Entscheidend ist, aus Fehlern zu lernen – und dies am besten mit liebevoller Nachsicht und mit einem humorvollen Augenzwinkern. Wer jedoch sein Kind lachend oder grinsend auf seine Fehler aufmerksam macht, bewirkt, dass es sich verachtet und bloßgestellt fühlt. Besser ist es, gemeinsam über den Fehler zu lachen. Und niemals über den Menschen, der ihn begangen hat!« sagt die Erziehungswissenschaftlerin und Lachforscherin Charmaine Liebertz.

Das Lachen gehört zur Grundausstattung von Kindern

Kinder lachen ca. 400 Mal am Tag, zählt man ihr Kichern und alle Ausdrucksformen des Fröhlich-Seins zusammen. Dazu brauchen Kleinkinder keinen Grund zum Lachen, sie nutzen einfach jede sich bietende Gelegenheit. Erwachsene dagegen lachen durchschnittlich nur etwa 15 Mal (!) am Tag, bestätigt die Lachforschung. Oh du Schreck! Wann und wo haben wir das Lachen verdrängt oder gar verlernt?

Vielleicht waren es auch bei uns die Eltern oder Lehrer, die mit versteinerter Miene oder genervten Blicken unsere kindlichen Albernheiten abfällig begutachteten, uns beschimpften, uns vor der Klasse bloßstellten oder uns sogar für unser Gekicher bestraften. Vielleicht mussten wir leise sein, wenn Vater am Abend von der Arbeit müde nach Hause kam.

Kinder reagieren sensibel auf die Reaktionen der Erwachsenen. Wenn diese Witze oder Schabernack für sinnlose Zeitverschwendung halten, dann dürfen sie sich nicht wundern, wenn das zarte Humor-Pflänzchen verkümmert.

Kinder, die viel zu lachen haben, bauen ihre Aggressionen besser ab

Dasselbe gilt auch für uns Erwachsene. Von einer humorvollen Atmosphäre zu Hause oder in der Schule profitieren alle! Es fördert die Frustrationstoleranz und steigert die soziale Kompetenz. Ein fröhliches Kind ist ausgeglichener und bei seinen Mitmenschen viel beliebter als ein Miesepeter. Denn beim Lachen bildet der Körper Glückshormone, die uns helfen, Stress leichter zu bewältigen. Mit Humor wird die Lernleistung erheblich gesteigert, kreatives und innovatives Denken wird gefördert. Zudem werden Konflikte und Krisen leichter überwunden. Heute weiß man, dass fröhlichen Kindern das Erwachsenen-Werden mit all seinen ernsten Anforderungen leichter fällt.

Lachen ist ansteckend!

Das war nicht nur früher in der Kirchenbank so, sondern gilt auch für zu Hause. Wenn wir freudig miteinander spielen, uns necken, uns kitzeln, wir einander Witze erzählen, uns gegenseitig genießen, dann lernen das die Kinder von uns. Lachen Sie über sich, über ein Missgeschick, aber nie über das Kind.

Falls ich als Mutter oder Vater bemerke, dass ich keine Kraft mehr zum Lachen habe, kann es sein, dass ich auf meine Bedürfnisse in letzter Zeit zu wenig geachtet habe und ich meine Grenzen schon lange überschritten habe. Dann gilt es mich ernst zu nehmen und zu schauen, was ich brauche. Auch wir dürfen uns immer wieder von unseren Kindern, von ihrer überschäumenden Begeisterung und ihrem herzhaftem Lachen anstecken lassen. Vielleicht schaffen wir in Zukunft ja unseren Erwachsenen-Durschnitt deutlich nach oben anzuheben. Das wär doch gelacht!

Geschwisterstreit kann nerven

Wenn Geschwister streiten wird geschrien, geheult, geschlagen und gekniffen. Für uns Erwachsene ist das nicht immer leicht auszuhalten, denn es nervt und ist anstrengend. Viele Eltern fragen sich: »Wie kann ich das Streiten abstellen?« oder »Was soll ich tun?« Es gibt keine Methode, die Eltern anwenden können, aber es entspannt wesentlich, wenn man einiges über Geschwisterstreit weiß.

Wie auf Streitigkeiten reagieren?

Am Besten tut man nicht viel! Wenn Erwachsene sich dauernd in Kinderstreitigkeiten einmischen, dann lernen die Kleinen, dass sie nicht selbst für ihre Konflikte verantwortlich sind, sondern die Erwachsenen. Das nimmt ihnen ein wichtiges Lernfeld, wie man Konflikte löst. Wichtig ist zu wissen: Kinder brauchen eine ganze Kindheit hindurch, bis sie lernen, wie man mit den Gefühlen der Wut konstruktiv umgeht. Machen Sie Kinder für ihre Wut nicht schlecht, auch nicht dafür, dass sie etwas nicht teilen wollen. Sie geben ihr Mountainbike auch nicht jedem her, damit er damit eine Runde fährt, oder?

Kinder dürfen lernen ihre Grenzen zu verteidigen

Der 5-jährige Hannes ist außer sich. Seit einer Stunde baut er einen schönen Turm aus Lego und seine kleine Schwester Lea haut ihn um. Er zerbricht in

1.000 Stücke. Ist es da ein Wunder, dass Hannes stinksauer ist und seine kleine Schwester schubst?

Was hilft Hannes? Gehen Sie zu ihm hin, nehmen ihn auf den Schoß oder legen Sie die Hand auf seine Schultern - das gibt ihm Sicherheit und er kann sich schneller erholen. Sagen Sie zu ihm: »Das ist wirklich blöd, dass dir Lea den Turm kaputt gemacht hat. Ich wär auch sauer. Wir beide müssen überlegen, wie du dich in solchen Fällen vor deiner Schwester schützen kannst. Sie wollte deinen Turm bestimmt nicht zerstören, aber das ist halt passiert.« Wichtig ist, dass Hannes erfährt, dass es in Ordnung ist, wütend zu sein, und dass er Hilfe bekommt, wie man seine Grenzen verteidigt- nach dem Motto: Jedes Gefühl ist erlaubt, aber nicht jede Handlung!

Wenn Kinder hauen

Wenn man will, dass Kinder im Streit sich nicht schlagen, kann man ruhig aber bestimmt sagen: »Ich will nicht, dass du haust.« Aber machen Sie Ihr Kind für seine Reaktion nicht schlecht. Zeigen Sie Verständnis für die Gefühle und helfen Sie ihrem Kind seine Wut auszusprechen. Kinder benutzen zuerst ihre großen Muskeln (Arme), bevor sie die kleinen Muskeln (Stimmbänder) benutzen können. Das ist normal. Kein kleines Kind, das ein anderes haut, ist ein Gewalttäter. Das ist sein Ausdruck von Frust und Ohnmacht.

Eltern empfinden Geschwisterstreit oft als sehr lästig

Wenn die Kinder größer sind und streiten, geht man am Besten in ein anderes Zimmer oder auf den Balkon und schließt die Tür. Die Erfahrung zeigt, dass der Streit viel schneller beigelegt wird, wenn sich Erwachsene nicht einmischen. Man kann nach dem Streit mit beiden ins Gespräch gehen und sie interessiert danach fragen, ob sie sich einig geworden sind, oder ob sie noch Hilfe brauchen. Oft hilft es, die unterschiedlichen Bedürfnisse auszusprechen: »Ich sehe, dass du Lisa, gerne alleine spielen möchtest, aber dass Tim gerne mit dir spielen will. Das ist ein Dilemma. Lisa, vielleicht erkennst du, dass Tim dich nicht ärgern möchte, sondern einfach bei dir sein will. Und du Tim musst akzeptieren, dass Lisa auch gerne alleine ist. Das ist nicht einfach, aber so ist das manchmal im Leben.«

Wenn Kinder sehr viel streiten, könnte es sein, dass es unausgesprochene Spannungen in der Familie gibt. Dann zeigen Kinder unterschwellige Probleme auf. Dies kann ein wichtiger Hinweis für die Eltern sein, sich darüber auszutauschen, wie es um die Familie zurzeit bestellt ist.

Es ist für das Durchsetzungsvermögen der Kinder wichtig, dass sie streiten dürfen - ohne Erwachsene. Dabei lernen sie, ohne Scheu in einen Konflikt hineinzugehen und sich für die eigenen Belange einzusetzen. Ebenso lernen sie nachzugeben, was wiederum eine gewisse Frustrationstoleranz voraussetzt.

Geschwisterstreit ermöglicht Konflikte offen und (von den Schrammen abgesehen) weitgehend gefahrlos im geschützten Raum der Familie auszutragen. Wer von uns Erwachsenen hat nicht mit seinen Geschwistern gestritten? Ist daran unsere Geschwisterbeziehung zerbrochen?

Tut Belohnung gut?

»Belohnung und Bestrafung sind Dressurmethoden. Wer sie einsetzt, verhält sich wie ein Eseltreiber, der seinen Esel entweder mit der Peitsche oder einem Bund Möhren zum Laufen bringen will«, schreibt der Gehirnforscher Gerald Hüther.

Das Belohnen ist in Familien, Schulen und Kindergärten vielfach beliebt. Aber tun wir den Kindern damit wirklich Gutes? In den Augen von Jesper Juul ist belohntes Verhalten Machtmissbrauch, denn man geht davon aus, dass Kinder sich absichtlich schlecht benehmen würden, um Erwachsene zu ärgern. Dazu muss man zuerst unterscheiden, ob das Kind für seine Leistung belohnt wird oder für sein Verhalten, das den Vorgaben der Erwachsenen entspricht.

Schlimm ist die Botschaft, die hinter der Belohnung steht

Wenn ich das Verhalten des Kindes belohne, z.B. weil es sich brav und artig beim Besuch einer alten Tante benommen hat, dann teilt dies dem Kind mit: »Ich vertraue nicht darauf, dass du dich angemessen benimmst, wenn ich dich nicht belohne.« Das ist ein verletzendes Misstrauen. Es ignoriert die nachgewiesene Fähigkeit des Kindes und seine Bereitschaft, sich anzupassen und zu kooperieren, so Juul.

Wenn Belohnung nicht mehr funktioniert, dann folgt Bestrafung. Z.B. macht das Kind seine Hausaufgaben nicht mehr, weil diese es nicht interessieren, dann ist die Strafe, dass es nicht mehr fernsehen darf. Aber beides führt nicht zu einer guten Beziehung. Wenn ich Kinder bestrafe, dann habe ich beziehungsmäßig aufgegeben. Das heißt, ich erwarte nicht mehr, dass das Kind mich respektiert, sondern hoffe, dass es Angst vor der Strafe hat. Erziehen ohne Belohnung und Bestrafung ist möglich. Das beweisen viele Eltern rund um den Globus.

Belohnung setzt im Gehirn Glückshormone frei. Diese machen süchtig

Diese Art von Abhängigkeit verlangt nach permanenter Bestätigung von außen. So werden Menschen leicht manipulierbar, weil sie sich nicht mehr an sich selbst orientieren, sondern nur am Lob, das andere aussprechen, an der Bestätigung von außen. Sie verlieren das Gefühl für sich selbst: was gefällt MIR, was mache ICH aus Freude, was tut MIR gut, mit wem fühle ICH mich wohl.

Stellen Sie sich vor, Sie wollen am Sonntagvormittag in Ruhe etwas lesen und ihr/e Partner/in ist darüber verärgert. Dann sagen Sie: »Wenn du jetzt brav bist bis ich gelesen habe, dann gehe ich als Belohnung mit dir später spazieren.« Das ist doch entwürdigend.

Gibt es einen Ausweg aus der Belohnungsfalle?

Sagen Sie freundlich und klar, was sie wollen und was nicht: »Ich will jetzt eine Stunde in Ruhe lesen und nicht mit dir spielen.« Dann wenden Sie sich wieder Ihrem Buch zu und vertrauen auf die Kooperationsbereitschaft Ihres Kindes. Oder: »Die Lehrerin hat gesagt, du hast jetzt öfter nicht mehr die Hausaufgabe gemacht. Erzähl mal, was ist los?« Sie zeigen sich interessiert an den Gedanken und Gefühlen Ihres Kindes.

Wenn Sie Belohnung einsetzen, dann nur auf erbrachte Leistungen, z.B. in der Schule, im Sport... Besser aber als Belohnung ist, dass Sie Ihre Freude darüber zeigen, dass Ihr Kind etwas geschafft hat. Freuen Sie sich aufrichtig mit ihm und genießen Sie gemeinsam den Erfolg: »Ich freu mich sehr, dass du das geschafft hast! Freust du dich auch? Das sollten wir gemeinsam feiern.«

Lasst den Kindern ihre Gefühle!

Fühlen Sie sich manchmal himmelhochjauchzend und dann wieder zu Tode betrübt? Werden Sie manchmal von Ängsten heimgesucht und haben dann wieder volles Vertrauen ins Leben? Unsere Gefühle sind recht unterschiedlich. Manche davon sind angenehm, andere recht unangenehm. Die meisten Menschen wollen nur das Angenehme fühlen und denken, wenn sie die anderen Gefühle wegdrücken, dass diese dann verschwinden. Aber dem ist nicht so.

Verdrängte unangenehme Gefühle werden ins Unbewusste verlagert

Wenn wir nur Freude, Begeisterung und Liebe fühlen wollen, dann heißt das, dass wir die Hälfte unseres Innenlebens ablehnen. Wenn wir Freude und Liebe spüren wollen, dann müssen wir auch bereit sein Trauer, Angst, Einsamkeit, Eifersucht und Ärger zu spüren. Alles was wir verdrängen, bleibt uns erhalten und wirkt im Unbewussten in uns. Es kann sich nicht einfach auflösen. Verdrängter Ärger wächst zur Wut. Verdrängter Neid wird Eifersucht und verdrängte Angst verwandelt sich in Panik. Auch viele körperliche Schmerzen sind auf unbewusste Gefühle zurückzuführen, die zum Beispiel ständige Anspannung oder Nervosität auslösen.

Kinder können ihre Gefühle noch wunderbar unmittelbar ausdrücken

Sie haben keine Probleme damit ihre Trauer, ihren Ärger oder ihre Frustration zu zeigen. Viele Erwachsene halten das kaum aus und wollen schnell wieder ein fröhliches Kind. Dann wird verharmlost: »So schlimm ist es nun auch wieder nicht!«, oder abgelenkt: »Magst du ein Eis?«, oder getadelt: »Jetzt hör aber endlich auf! Es reicht!«

Erwachsene werden durch das Kind wieder an ihren eigenen Schmerz erinnert, den sie früher nicht ausdrücken durften. So geben sie ihre Haltung an die eigenen Kinder weiter: »Man schreit nicht so laut herum!«, »Große Jungen und Mädchen weinen nicht.«, »Reiß dich zusammen!« u.s.w. Die Grundbotschaft lautet: man zeigt seine Wut, Frust und Trauer nicht so hemmungslos.

Jugendliche sind da schon etwas vorsichtiger geworden. Sie zeigen ihre Gefühle nicht mehr so deutlich. In diesem Alter haben viele schon eine Mauer um ihr Herz gebaut, denn sie erlebten häufig, dass ihre Gefühle abgelehnt, verharmlost oder ausgelacht wurden.

Wir sind fühlende Wesen

Alle Gefühle, die in uns auftauchen, haben ihre Wichtigkeit. Angst mahnt uns vorsichtig zu sein. Frustration und Trauer müssen gelebt werden, damit es uns möglich wird Abschied von etwas zu nehmen, ob von einer verlorenen Freundschaft oder von einem verlorenen Teddybären. Ärger zeigt uns, dass irgendwas in unserer Beziehung zum anderen geregelt werden soll. Gefühle sind nicht schlecht oder gut, sie sind da, um uns etwas über uns selbst zu zeigen.

Wie geht man aber mit diesen schmerzlichen Gefühlen um?

Jedes Gefühl will gefühlt und angenommen werden. Erst dann kann es sich auflösen und gehen. Wir können eine Haltung einnehmen in der wir jedes Gefühl, das in uns hochkommt, interessiert beobachten und sagen: »Wenn ich alleine bin, dann fühle ich mich sehr einsam«, oder »Wenn ich eine Klassenarbeit verhaue, dann bin ich sehr ärgerlich«, oder »Wenn ich bei der Arbeit nicht ernst genommen werde, fühle ich mich nicht gesehen und anerkannt.«

Erst wenn wir das, was sich in uns rührt, liebevoll annehmen, kann es sich verwandeln und gehen. So können wir zum Kind sagen: »Du bist aber wütend. Erzähl mir, was dich so wütend macht«, oder »Du scheinst große Angst zu haben. Wie fühlt sich deine Angst an? Wo spürst du sie?«

Gefühle annehmen stärkt die Beziehung zu sich selbst und zu anderen

Je mehr wir die Gefühle von Kindern annehmen, ohne sie wegdrängen zu wollen, desto besser lernen die Kinder mit ihnen umzugehen und sich selbst so

anzunehmen, wie sie sind. Denn wenn ich meine Gefühle liebevoll annehmen kann, kann ich das auch
bei anderen Menschen. Und das stärkt Beziehungen,
weil sich jeder wahr- und ernst genommen fühlt, so
wie er ist.

In jedem Kind schlummert das Talent zum Mitfühlen

Mama liegt stark erkältet und mit Fieber auf dem Divan. Niemand ist da, der ihr ihre lebhaften Buben abnehmen kann. Also bittet sie die Drei- und Fünfjährigen, heute ganz besonders leise zu spielen. Und tatsächlich, das klappt. Sie spielen vertieft und ohne Streit und Lärm. Ab und zu kommt einer und streichelt die Mama, gibt ein Bussi und bringt ihr sein Lieblingskuscheltier.

In jedem Kind schlummert das Talent mitzufühlen

Sie spüren, wie es dem anderen geht und reagieren entsprechend darauf, ist die erfahrene Autorin von Elternratgebern Christiane Kutik überzeugt. Dies wird bewirkt durch die sogenannten Spiegelneuronen im Gehirn. Wie sich zeigt, ist es allerdings notwendig, diese zu trainieren und zu verstärken. Denn obwohl alle mit dieser Fähigkeit auf die Welt kommen, kann die natürliche Fähigkeit zum Mitfühlen auch abhanden kommen. Landauf, landab berichten Lehrer, wie auf den Schulhöfen selbst dann noch auf den Gegner eingeprügelt wird, wenn dieser längst am Boden liegt. »Die haben heute kein Mitgefühl mehr«, sagt ein erfahrener Pädagoge.

Wie kann das Mitgefühl gepflegt, gestärkt und trainiert werden?

Die wichtigsten Vermittler sind auch hier alle nahestehenden Erwachsenen, die sich mitfühlend verhalten, Schmerz und Freude spiegeln können – denn Kinder beobachten sehr genau. Kinder brauchen die Resonanz von Erwachsenen, um selbst ein Gefühl für Situationen zu bekommen.

Was ist, wenn es vor der Spritze beim Arzt Angst hat und die Erwachsenen sagen: »Das ist doch gar nicht so schlimm«, das Kind aber eine gegenteilige Erfahrung macht? Was ist, wenn der beste Freund wegzieht und die Erwachsenen beschwichtigend meinen: »Es gibt ja noch so viele andere nette Kinder«? Was ist, wenn das Meerschweinchen sein Leben ausgehaucht hat und Eltern sagen: »Ach, das macht nichts, wir kaufen dir einfach ein neues?«

Ihr Mitgefühl reift dann, wenn Erwachsene das Kind trösten, wenn es traurig ist. Es einfach in den Arm nehmen und mitfühlen: »Ja, das piekst jetzt und tut weh. Ich halte dich ganz fest.« – »Ja, ich kann mir gut vorstellen, dass du jetzt traurig bist, wenn dein bester Freund jetzt weit wegzieht.« – »Ja, das war wirklich ein besonderes Meerschweinchen. Komm, wir machen ihm jetzt ein Grab und verabschieden uns von ihm.« Erlebtes Mitgefühl stärkt beim Kind die Fähigkeit, selbst mitzufühlen und auf andere einzugehen.

Kinder brauchen Erwachsene, die ihnen helfen, aus Situationen etwas zu lernen

Wie ist es, wenn das eigene Kind ein anderes verletzt? So wie dieser Siebenjährige, der am Badesee einen Stein nimmt und ihn in eine andere Familie wirft. »Hey!« ruft der Familienvater dem Jungen zu. Der eigene Vater bleibt auf dem Rücken liegen und sagt: »Geh rüber und entschuldige dich.« Der Junge geht hinüber und leiert teilnahmslos die Floskel herunter. Gelernt für den Erwerb von Mitgefühl hat er nichts.

Wichtig wäre, wenn der Vater des Jungen nun sofort seine Komfortzone verlässt und am besten mit dem Jungen zur Familie geht und sich gemeinsam mit dem Jungen entschuldigt, aufrichtig und ehrlich – ohne jedoch den eigenen Sohn bloßzustellen oder lächerlich zu machen. Weiters wäre es wichtig, wenn anschließend der Vater unter vier Augen den Jungen auffordert, die Perspektive zu wechseln: »Wie würdest du dich fühlen, wenn einfach jemand einen Stein auf dich werfen würde?« Am besten: dranbleiben, wirklich im Gespräch bleiben!

Mitfühlen, was der andere fühlt, ist eine wesentliche Erziehungsaufgabe

Kinder brauchen die Resonanz der Erwachsenen, um selbst ein Gefühl für Situationen zu bekommen. Denn Mitgefühl ist ein zentraler Wert, der das Miteinander überhaupt erst lebenswert macht. Es zählt das, was in jeder Familie, in jeder Gemeinschaft vorgelebt wird. Denn Kinder ahmen alles nach.

Das Verhalten der Kinder macht immer Sinn

Jeder Mensch steht ein Leben lang in dem Konflikt, ob er seinen eigenen Interessen nachgeht oder ob er sich an die Gemeinschaft anpasst. Wahre ich meine Integrität, also meine Grenzen und Bedürfnisse oder kooperiere ich mit anderen, das heißt ich passe mich an.

Kinder sind von Geburt an soziale, einfühlende und kooperierende Menschen

Früher glaubte man, Kinder kennen diesen Konflikt zwischen »sich anpassen« oder »die eigenen Grenzen zu wahren« nicht, sondern seien einfach egoistisch. Heute weiß man, dass bereits Säuglinge an Beziehungen interessiert sind und sie lernen durch Beziehungen etwas über sich selbst, den Anderen und die Welt. Wir wissen, dass Kinder einfühlsam sind und die Gefühle der Menschen um sie herum seismographisch genau erfühlen und darauf reagieren. Wenn z.B. das kleine Kind immer weint und nicht in die Krippe gehen will, wenn die Mutter dabei ist, aber problemlos in die Krippe geht, wenn der Vater dabei ist, kann es sein, dass das Kind die Unsicherheit, die Zweifel der Mutter spürt und ihre Sorgen mit seinem Verhalten aufzeigt. Das Kind bringt das ans Tageslicht, was die Mutter spürt, aber nicht zeigt.

Kinder kooperieren immer mit ihren Eltern, auch wenn wir es nicht merken

Es gibt die direkte Kooperation, das heißt, dass das Kind sich anpasst.z.B.: Eine Mutter ist mit ihrer Situation überfordert und hat kaum mehr Energie, um dem Kind gegenüber aufmerksam zu sein. Wenn das Kind direkt kooperiert, dann zieht es sich in sich zurück und wird unauffällig, ruhig und angepasst. Durch seinen Rückzug will es die Mutter nicht noch zusätzlich belästigen.

50% der Kinder kooperieren direkt, 50% spiegelverkehrt

Die spiegelverkehrte Kooperation wäre in diesem Fall: das Kind wird auffällig und fordert die Mutter erst recht. Es will mit seinem anstrengenden Verhalten die Mutter darauf aufmerksam machen, dass in ihrer Beziehung etwas nicht stimmt. Diese Reaktion heißt: Du schenkst mir keine Aufmerksamkeit, dann fordere ich sie vermehrt ein. Es vermittelt der Mutter: Du musst etwas unternehmen und dich um dich kümmern. Das Kind arbeitet mit der Mutter zusammen. Es lebt das aus, was die Mutter unterdrückt. Wenn man das Verhalten des Kindes so deutet, dann macht sein Verhalten Sinn. Es macht die Mutter auf einen unhaltbaren Zustand aufmerksam.

Kinder wollen sich in Beziehungen wertvoll fühlen

Deshalb arbeiten sie immer mit ihren Eltern zusammen, auch wenn das oft nicht leicht ersichtlich ist. Kinder tun immer das, was für das Familiensystem das Beste ist und reagieren auch auf unbewusste Gefühle, Werte und Verhaltensmuster der Eltern.

Wenn Familien unter täglichen Machtkämpfen mit den Kindern leiden, fragt man sich: wo liegt da der »Wille zur Zusammenarbeit«? Machtkämpfe und Verweigerung haben vor allem eine Ursache: Einen tiefgreifenden Beziehungskonflikt in der Familie, den es zu entdecken gilt.

Wenn Kinder auffällig werden in ihrem Verhalten, dann sind sie wie ein Feueralarm

Wenn dieser heult, sollte man das Feuer in der Familie suchen, nicht einfach den Alarm abstellen wollen. Kinder wollen kooperieren, wollen nichts lieber, als ihre Eltern erfreuen. Dazu müssen sie einen respektvollen Umgang erleben und in ihrer Persönlichkeit und Individualität anerkannt und geachtet werden. Kinder sollen unterstützt werden, die eigenen Grenzen zu spüren und auch »Nein« zu sagen. Auch soll gesehen werden, wie oft sie kooperieren, egal ob sie brav in der Früh den Stress mitmachen oder an der Kasse ohne langes Jammern warten können.

Jungs dürfen nicht mehr Jungs sein

Ein hochaktuelles Thema für Eltern, Lehrer und Erzieher

Sie dürfen nicht raufen und rangeln, nicht schreien, nicht herumlaufen. Kleine Jungs haben es heute schwer. Ihr natürliches Verhalten wird schnell pathologisiert. Ständig schimpfen die Erzieherinnen: Sie sollen leiser sein. Und raufen ist sowieso verboten. »Den Jungs tut das gar nicht gut. Studien beweisen, dass Jungen stärker als Mädchen zum Wettbewerb neigen, raufen und ihre Kräfte messen möchten«, weiß der bekannte Familientherapeut Wolfgang Bergmann.

Sollen Eltern beim Raufen eingreifen?

Mütter und Erzieherinnen fragen besorgt: »Sollen wir etwa wegschauen, wenn die Jungs sich am Boden wälzen?« Bergmann sagt: »Wenn keine Gefahr im Verzug ist: Ja! Jungs sind schon im zarten Alter von zwei bis vier Jahren völlig anders als Mädchen. Sie müssen ihre Erfahrungen mit dem Raum um sie herum auch mit männlicher Wucht machen können. Wenn das blockiert wird, wird die kognitive und soziale Entwicklung eines Jungen gehemmt. Die kleinen Kämpfe sind ihre Art, sich mit anderen zu messen und ihre Rangordnung zu testen. Beim Rangeln, beim Schubsen und Ringen erleben sie ihren Körper und ihre Stärke - und entwickeln dadurch die Empfindsamkeit, die nötig ist, um mit anderen mitzufühlen.«

Ständige Harmonie ist ein Ideal der neuen Erziehungskultur

Immer lieb, brav und nett sein miteinander, das fordern vor allem Erzieherinnen und Mütter von Jungen. Körperliche Konflikte zwischen Jungen werden vor allem von Frauen viel dramatischer eingeschätzt als von Männern. Es fällt ihnen schwer, die motorische Unruhe und körperliches sich aneinander messen als normal zu betrachten. Jungen sind – ob nun genetisch oder kulturell bedingt – eher körperbetont und motorisch aggressiver als Mädchen, die ihre Aggressionen auf andere Weise ausagieren. Jungen wollen sich mit anderen auch körperlich messen.

Jungen müssen ein Gespür für die eigene Kraft entwickeln

Wenn Jungen diesen Teil ihrer Männlichkeit ständig unterdrücken müssen, kann das schwere Folgen haben. Sie entwickeln kein Gespür für ihre Kraft. Da kommt es vor, dass Jugendliche noch zutreten, wenn das Opfer bereits am Boden liegt. Einer der Gründe ist, dass sie gar nicht wissen, was sie mit ihren Tritten anrichten. Weil sie als Kinder nie spielerisch gekämpft haben. Weil Kämpfen tabu war. Jungen müssen sich spüren, ihre Kraft kennen und damit umgehen lernen. Wunderbar sind Raufereien mit dem Vater.

Starker Medienkonsum wie Fernsehen oder Computerspielen verhindert, dass Jungen in einen lebendigen Kontakt mit anderen Kindern und ihrer Umwelt gehen. »Wenn ich hyperaktive Kinder oder jugendliche Computersüchtige habe, schicke ich sie reihenweise zu den Pfadfindern, weil dort noch das Erleben von Körperlichkeit möglich ist. Ich kann mich doch nur mit nach außen gewendeten Aktionen selbst als Körper erfahren. Erst dadurch entwickeln Jungs eine eigene Empfindsamkeit, die sie brauchen, um sich in den anderen hinein zu versetzen«, weiß Bergmann.

Jungs brauchen Männer mit Lebenserfahrung

Nach dem Kindertherapeuten müssten die Schulen und Kindergärten sich öffnen und Männer hereinholen. Gar keine gelernten Pädagogen. Stattdessen Handwerker, Bildhauer, Männer mit Lebenserfahrung und einer starken Biografie, auch mit autoritären Zügen, an denen man sich orientieren kann. Jungs brauchen das. Die fahren voll auf diese praktischen Typen ab.

In seinem Buch »Kleine Jungs - große Not: Wie wir ihnen Halt geben können« zeigt Wolfgang Bergmann auf, welche Not unsere Jungen quält und warum sie sich oft in destruktivem Verhalten versteckt. Auf der schwierigen Suche nach einer männlichen Identität wissen kleine Jungs oft nicht, wo sie sich zwischen Heldentum und Verlassenheitsgefühlen festhalten können. Dieses Buch weist auf, wie Eltern und Erzieher Jungs zu einer stabilen Persönlichkeitsentwicklung verhelfen können.

Aggression ist eine Einladung!

Wenn Kinder aggressiv sind, dann werden sie schnell zu Problemkindern abgestempelt. Aber: Aggression ist eines der Grundgefühle der Menschen und absolut legitim. Aggressionen zeigen uns, dass in der Beziehung etwas nicht stimmt. Aggression zu zeigen ist unbedingt notwendig, wenn sie nicht nach innen gerichtet werden soll, wo sie großen Schaden anrichten. Die Folgen von nach innen gerichteter Aggression sind vielfältig: Selbstverletzungen (Ritzen), Schuldgefühle, Depression, das Gefühl falsch zu sein. Aggression ist ein absolut natürliches Gefühl und gehört zu menschlichen Beziehungen dazu, so wie Liebe, Angst, Trauer, Frustration, Ekel, u.a.m.

Es herrscht die Angst vor, dass Kinder, die Aggressionen zeigen, zu Gewalttätern werden

Aber Aggression und Gewalt ist nicht dasselbe. Im Gegenteil, wenn Kinder in ihrer Aggression nicht anerkannt werden und sich diese Gefühle stauen, weil sie als schlecht verurteilt werden, dann züchtet man lebende Zeitbomben, die irgendwann explodieren und andere verletzten, bzw. sich selbst verletzen.

Für die Entwicklung eines gesunden Selbstwertgefühls ist es wichtig, dass wir alle Gefühle, die in uns sind, anerkennen und akzeptieren. Es braucht eine ganze Kindheit lang, um mit dem Gefühl der Aggression passend umgehen zu können. Das ist vollkommen normal.

Fast alle 2-jährigen Kinder beißen. Das ist normal. Viele 2-3-jährige Kinder hauen und schlagen. Das ist auch normal. Warum? Kinder benutzen in den ersten Jahren ihre großen Muskeln um Frustrationen auszudrücken. Erst später können sie ihre kleinen Muskeln, sprich die Stimmbänder, dazu benutzten um sich auszudrücken.

Wie damit umgehen? Es gibt mehrere Möglichkeiten. Wenn ihr Kind Sie schlägt, sagen Sie folgendes: »Ich will nicht, dass du mich schlägst. Ich will, dass du damit aufhörst.« Pause! »Was macht dich jetzt so wütend?«

Geschwisterstreit

Wenn das größere Kind das kleinere schlägt, weil es ihm sein Spielzeug nimmt, dann gehen Sie zu ihm hin und sagen ruhig und klar: »Ich kann verstehen, dass dich das wütend macht. Sag deinem Bruder, dass du nicht willst, dass er dein Spielzeug nimmt. Du willst jetzt alleine spielen.«

So zeigen Sie ihm, wie man seine Grenzen verteidigen kann, ohne den anderen zu verletzten. Aber machen sie das Kind nicht schlecht, weil es geschlagen hat. Wenn Sie es schimpfen, wird er sich in seinen Gefühlen nicht ernst genommen fühlen und das Gefühl haben, meine Mutter oder mein Vater halten nur zum Geschwisterchen. Das beeinträchtigt sein Selbstwertgefühl und macht es noch wütender. Eventuell sagen sie kurz: »Ich mag nicht, wenn du schlägst.« Aber moralisieren Sie nicht.

Fühlen Sie sich in seine Welt hinein

Wenn größere Kinder auffallend aggressiv sind, dann heißt das übersetzt: »Hallo, mir geht es nicht gut! Könnte bitte jemand in meine Gefühls- und Gedankenwelt kommen und mir helfen herauszufinden, was ich anders machen kann?« Treten Sie mit auffälligen Kindern in Beziehung. Aggression entsteht vielfach dann, wenn wir uns für die Menschen um uns herum nicht wertvoll fühlen, uns nicht gesehen und geachtet fühlen. Das macht uns aggressiv. Schauen Sie sich in der Welt des Kindes um und versuchen Sie mit ihm herauszufinden, was es bedrückt, frustriert oder Angst macht.

Häufig haben aggressive Menschen wenig Worte für ihre Gefühle. Das führt auch dazu, dass sie sich in Stresssituationen nicht verbal, sondern körperlich wehren. Kindern tut gut, wenn wir Erwachsene ihnen unsere Sprache leihen und versuchen, mit ihnen zusammen Beschreibungen für ihre Gefühle zu finden. z.B. durch die Frage: »Was macht dich so wütend? Erzähl mir davon.«

»Erfolgreich kommunizierte Aggression ist konstruktiv. Aggression, die ihre kommunikative Funktion verloren hat ist destruktiv«, sagt der Neurobiologe Joachim Bauer.

Hilfe, mein Kind wird gemobbt!

Tim ist neun Jahre alt. Ihm geht es nicht gut. In der Schule wird er gehänselt und dumm angepöbelt. Tim leidet darunter. Freunde hat er kaum. Wenn er nach Hause kommt und seinen Eltern von seinem Leid erzählt, versuchen sie ihn zu trösten: »Freunde zu haben, ist nicht so wichtig.« »Aber sieh doch, du bist gut in Schule, das ist das wichtigste.« »Das wird schon wieder.« Aber Tim fühlt sich nicht getröstet. Er meint, dass seine Eltern ihn nicht verstehen und ist somit auch noch einsam und hat das Gefühl, dass er mit niemandem sein Leid teilen kann.

Kinder brauchen Erwachsene, die ihr Leid anerkennen

Anerkennung heißt: »Ich sehe, dass du sehr traurig bist und dass es dich schmerzt keine Freunde zu haben. Kann ich dir irgendwie helfen?« So fühlt sich Tim gesehen und ist in seinem Schmerz nicht mehr allein. Zudem wächst sein Vertrauen, dass er seinen Eltern alles sagen kann. Das stärkt sein Selbstwertgefühl.

Für Tim ist in diesem Alter auch sein Vater sehr wichtig. Gemeinsam verbrachte Zeit, in denen die beiden Spaß miteinander haben, stärkt Tim. Eine gute Idee ist das gemeinsame Raufen. Da kann Tim seine Kräfte spüren und bekommt einen guten Kontakt zu seinem Vater. Wenn Tim so spürt, dass er für seinen Vater wertvoll ist, so wie er ist, stärkt das auch sein Selbstwertgefühl.

Warum ist die Stärkung des Selbstwertgefühls so wichtig?

Weil es Tim das Gefühl gibt: so wie ich bin, bin ich in Ordnung. So wie ich bin, bin ich wertvoll. Menschen mit einem gesunden Selbstwertgefühl laufen nicht so sehr Gefahr gemobbt zu werden. Für Tim ist es wichtig, dass er darin bestärkt wird, seine Grenzen zu zeigen, dass er lernt laut und deutlich »Nein« zu sagen, sowie:»Hör auf, ich mag das nicht.« Auch soll er ermutigt werden den Lehrpersonen davon zu erzählen. Dem betroffenen Kind muss gesagt werden, dass es nicht schuld ist an der Situation.

Das Kind unterstützen selbst etwas zu unternehmen

Eltern sollten Freundschaften des Kindes fördern. Freundschaften geben Kraft. Vorschnelle Ratschläge, was das Kind tun soll, wirken meist nicht. Besser ist es, das Kind zu fragen: Was hast du bis jetzt in solchen Situationen gemacht? Was könntest du anders machen? Helfen Sie dem Kind Ideen zu entwickeln, was es in den Mobbingsituationen tun könnte.

Mobber leiden auch und brauchen Hilfe

Oft geht es ihnen innerlich ähnlich wie den Opfern. Auch sie fühlen sich wenig wertgeschätzt. Aber anstatt in die Resignation zu gehen, leben sie ihre Frustration und ihre Aggression nach außen aus und suchen sich ein Gruppenmitglied, das sie verletzen. Durch das Heruntermachen des Opfers, fühlen sie ihre eigene Schwäche und Angst nicht. Zumindest für kurze Zeit. Aggressionen sind immer Hilferufe eines Kindes.

Mobben ist auch ein Führungsproblem

Gerne wird das Problem an die Kinder abgegeben. Aber der, der führt - Chef/in, Direktor/in, Lehrer/in, Eltern - hat die Verantwortung für die Kultur, die in einer Organisation herrscht. So müssen die Personen, die führen, ihren Führungsstil überdenken und für eine respektvolle Atmosphäre sorgen. Dieser Punkt wird häufig übersehen. Mobbing entsteht vor allem dann, wenn es zugelassen oder nicht bemerkt wird.

Wenn Mobbing bereits geschieht, dann ist es wichtig, dass darüber gesprochen wird. Schweigen verschlimmert das Problem. Auch in Tims Klasse, bzw. in der Schule, muss das Thema öffentlich gemacht werden. Die Erwachsenen müssen sich darüber klar werden, wie sie eine respektvolle Atmosphäre in der Schule schaffen wollen. Da geht es um Respekt zwischen den Erwachsenen und zwischen den Erwachsenen und den Kindern.

Weitere Infos zum Thema »mobben« finden Sie unter: **www.forum-p.it**

Ist die heutige Jugend gewalttätiger als früher?

Wenn man den Medien lauscht, könnte man davon ausgehen. Berichte über Gruppen von Rechtsradikalen oder Schlägertypen, die auf Mitmenschen eindreschen und sie auch zu Tode prügeln sind europaweit immer wieder in den Schlagzeilen. Ob die Jugend gewalttätiger als früher ist, oder ob die Medien dieses Phänomen einfach stärker beachten, sei dahin gestellt. Die interessante Frage ist doch, wie es dazu kommt, dass Jugendliche so starke Aggressionen in sich tragen und sie mit Gewalt abreagieren. Eine von verschiedenen Ursachen ist die häusliche Gewalt.

Kein Mensch kommt gewalttätig auf die Welt! Schauen wir doch mal genauer hin. Laut Südtiroler Jugendstudie 2009 berichtet jeder fünfte Jugendliche, dass er körperliche Gewalt von Seiten der Eltern erlebt hat. Buben werden dabei häufiger geschlagen als Mädchen.

Was macht erlebte Gewalt mit einem Kind?

Jede Form von Gewalt, und dazu gehört auch psychische Gewalt - wie Kritik, Beschämung, Entwürdigung, Entwertung - genauso wie körperliche, zerstört das Selbstwertgefühl des Menschen. Jede Form der Gewalt ist eine Respektlosigkeit gegenüber der Unversehrtheit eines Menschen und verletzt seine körperlichen und psychischen Grenzen zutiefst.

Man weiß, dass Gewalterfahrungen, dieses hilflose ausgeliefert Sein einem übermächtigen Täter gegenüber, auch Erwachsene folgenschwer traumatisieren. Opfern von Gewalt rät man, psychologische Hilfe in Anspruch zu nehmen.

Wer aber hilft einem wehrlosen Kind, wenn es von den Menschen, die es am meisten liebt, geschlagen, gedemütigt, kritisiert oder beschämt wird? Wer hilft ihm mit seiner Ohnmacht, seiner Hilflosigkeit und seiner Schutzlosigkeit fertig zu werden?

Verdrängte Gefühle verhindern ein gutes Selbst-Wert-Gefühl und Einfühlungsvermögen

Kinder, deren körperliche und psychische Grenzen verletzt werden, erleben Angst und Schmerz. Aber, jedes Kind glaubt an die Unfehlbarkeit seiner Eltern! Deshalb ist es davon überzeugt, dass es selbst Schuld daran hat, dass es geschlagen, gedemütigt oder kritisiert wird. Es fühlt sich für all das Schlechte, das ihm passiert, schuldig. Es schämt sich auch für seine Gefühle des Schmerzes und der Angst, weil auch die von seinen Eltern nicht angenommen werden.

Um diese Situation zu überstehen hilft nur noch eines: der eigene Schmerz und die Angst müssen verdrängt werden. Somit entwertet das Kind seine eigenen Gefühle, was fatale Folgen hat.

Eigene Grenzen und Bedürfnisse wahrnehmen und schützen

Wer seine Gefühle entwertet und verdrängt, weil er sie für falsch hält, kann kein gesundes Selbstwertgefühl aufbauen. Wer kein gesundes Selbstwertgefühl hat, kann seine eigenen Grenzen und Bedürfnisse weder wahrnehmen noch schützen. So wird er leicht zum Opfer anderer oder aber auch zum Täter. Ein Mensch, der seine Gefühle nicht mehr wahrnimmt, der nimmt auch den Schmerz und die Angst in den Augen seines Gegenübers nicht mehr wahr. Sein Einfühlungsvermögen wird gestört. Täter, die auf ihre Opfer einschlagen, reagieren damit kurzzeitig den quälenden Schmerz und die Schuldgefühle ab, die sie als Kind erlitten haben.

Kinder, die erleben, dass es scheinbar vollkommen in Ordnung ist, wenn Erwachsene ihre Grenzen überschreiten, überschreiten später auch leichter die Grenzen anderer!

Da Kinder sich für physische sowie psychische Gewalt, die ihnen widerfährt, schuldig fühlen, werden sie ein Leben lang von Selbstzweifeln, Schuldgefühlen und einem nicht entwickelten Selbstwertgefühl geplagt.

Beziehungen, die wir erlebt haben, prägen unsere Persönlichkeit sowohl im Positiven, wie im Negativen

Wer auf die Jugend schimpft, kann sich vor Augen führen, dass Kinder immer nur nachahmen, was Erwachsene vorleben. Wenn wir uns über gewaltbereite Jugendliche wundern, sollten Erwachsene vielleicht selbst einen Blick in den Spiegel wagen.

Beziehung – der Schlüssel zum Lernen

Eine vertrauensvolle Beziehung zwischen Lehrern und Schülern ist die Basis, dass Lernen geschehen kann. Verliebte interessieren sich für alles, was der andere tut, auch wenn sie von diesen Sachen noch nie etwas gehört haben oder sich noch nie dafür interessiert haben. Genauso ist es mit Kindern: Wenn sie die Lehrerperson mögen, sich angenommen, sicher und geborgen fühlen, dann können sie sich für alles begeistern, was sie ihnen beibringen will.

Auf die Fähigkeiten schauen

Als Lehrer*in ist es wichtig, das Augenmerk darauf zu legen, was das Kind schon kann, was seine Träume, seine Fähigkeiten und Vorlieben sind. Auf diesen Fähigkeiten kann man aufbauen. z.B wenn ein Kind sehr aktiv und schnell ist, ständig in Bewegung, nicht still sitzen kann ... Hier ist es sinnlos und kontraproduktiv zu sagen: »Hör endlich auf zu zappen. Du störst.« Es geht darum auszusprechen, was das Kind schon kann: »Du kannst dich aber sehr gut und sehr schnell bewegen. Du wirst sicherlich einmal ein wichtiger Mann bei der Feuerwehr mit so viel Kraft und Ausdauer. Was du aber auch lernen darfst, ist dich zu entspannen, wieder zur Ruhe zur kommen. Soll ich dir zeigen wie du das machen kannst?« So kann der Junge seine Fähigkeiten durch weitere ergänzen. Also nicht defizitorientiertes Hinsehen, sondern auf die Fähigkeiten schauen. Es geht darum, dem Kind die

Botschaft zu geben: »Du bist vollkommen in Ordnung so wie du bist. Ich weiß, dass du es schaffst deinen Weg zu gehen.«

Auf was kommt es an?

Es geht darum, dass Lehrer Leichtigkeit in die Schule bringen, achtsam umgehen mit den Kindern, wahrnehmen, was die Kinder brauchen und die Kinder verstehen wollen. Wenn man nur in gut und schlecht einteilt, dann sieht man das Kind nicht, man sieht nicht, was es eigentlich macht und kann. Es geht darum hinzusehen, was hier eigentlich los ist. Verhaltensauffälligkeiten, Lernschwierigkeiten, Schulprobleme sind Botschaften der Kinder und sollten ernst genommen werden. Genau dann brauchen sie die Unterstützung der Lehrpersonen.

Wenn die Beziehung schwierig ist

Wenn die Beziehung zum Kind nicht stimmt, dann bekommen Kinder Stress. Wer Stress empfindet, kann nicht mehr lernen. Stress und Angst blockieren die Lernfähigkeit. Um gut zu lernen muss man entspannt sein!

Die Kinder sind von Natur aus neugierig und wollen lernen. Das geht aber nur, wenn sie sich beschützt und sicher fühlen. Deshalb darf niemand bloßgestellt werden. Wenn Kinder »null Bock« haben, dann hängt das oft damit zusammen, dass sie sich nicht mehr trauen aus ihrem Schutz (coole Maske) hervorzutreten. Lieber leisten sie gar nichts als Gefahr zu laufen, dass sie etwas falsch machen und vielleicht bloßgestellt werden.

Kinder scheitern nicht am Fach, sondern an der fehlenden Beziehung zu ihrem Lehrer!

Die Hauptaufgabe der Lehrer*innen ist die emotionale Unterstützung der Kinder. Sie müssen eine gute Beziehung zu den Kindern halten, damit sich diese sicher fühlen. Das ist die Grundlage für's Lernen.

»In Beziehung gehen heißt nicht, mit jedem eine halbe Stunde reden. Es heißt, die Kinder zu sehen, sie wahr zu nehmen. Ich z.B. gebe jedem Kind am Morgen die Hand, wenn es in die Klasse kommt. Dieser kurze Kontakt baut bereits Beziehung auf«, erklärt die Lehrerin und Evolutionspädagogin Rita Schwingshackl bei der Fachtagung: Schule anders denken.

Schule ist sch....!

»Schule ist blöd!« jammert Martin. Wie kommt es, dass ein Zweitklässler nicht mehr gern zur Schule geht, obwohl er sich im letzten Kindergartenjahr so auf die Schule gefreut hat? Wie Martin geht es vielen Kinder: Sie gehen nicht gern zur Schule. »Jeder fünfte Schüler in Deutschland soll unter Schulangst leiden«, liest man auf der Homepage »Neurologen und Psychiater im Netz«. Die Frage, woher das kommt, ist berechtigt, denn Kinder wollen lernen. Kinder sind wie Forscher, die sich begierig auf das Wissen stürzen. Aber warum hört das bei vielen oft so früh schon auf? Das ist keine natürliche Entwicklung. Irgendwas läuft hier schief.

»Ich schaffe es!« – davon soll das Kind auch in der Schule überzeugt sein

Der Schweizer Remo Largo ist Professor für Kinderheilkunde. Er ist überzeugt: »Ein sehr wichtiger Ort neben der Familie, an dem junge Menschen all jene Erfahrungen sammeln, die darüber bestimmen, ob sie sich später im Leben etwas zutrauen, ob sie ihre angeborene Freude am Entdecken und Gestalten, am Lernen und an ihrer eigenen Weiterentwicklung nicht verlieren und ob sie in der Lage sind, sich gemeinsam mit anderen die Welt zu erschließen und Verantwortung für diese Welt zu übernehmen, ist die Schule.«

Die Schule hat also einen großen Einfluss auf das Selbstbild der Kinder. »Das Kind soll mit einem guten

Selbstwertgefühl die Schule verlassen, um seine Zukunft auch mit Zuversicht in Angriff zu nehmen. Der junge Erwachsene soll überzeugt sein: Ich schaffe es! Ich werde mich in dieser Gesellschaft behaupten! Ein solch gesundes Selbstwertgefühl basiert auf einer positiven Schulerfahrung«, ist Largo überzeugt.

Die Beziehung macht's!

Wie aber kann die Schule die Freude am Lernen und das Selbstwertgefühl des Kindes positiv beeinflussen? Unabhängig vom Schultyp ist das Wesentliche, das Kinder am meisten beeinflusst, die Beziehung die das Kind mit den Lehrern und den anderen Kindern hat. Damit Kinder gern lernen und sich wohlfühlen, brauchen sie einfühlsame Lehrer, die sich auf die Beziehung mit ihm einlassen. Mangelnde Disziplin der Kinder und Burn out bei den Lehrern sind meist die Folge, dass die Beziehungen zwischen Lehrern und Kindern nicht stimmen.

»Kinder können nur dann gut lernen, wenn sie sich geborgen und angenommen fühlen. Für das Kind wird der Lehrer zu einer Bezugsperson, von der es als Person angenommen werden will. Je jünger das Kind, desto mehr erwartet es, dass der Lehrer emotional zu ihm steht, es beschützt und ihm Hilfe bietet, wenn es danach fragt. Wichtig: Das Kind muss sich gemocht fühlen und zwar so wie es ist, unabhängig von seinen Leistungen und seinem Verhalten«, weiß Largo.

Mit einer guten Schüler-Lehrer-Beziehung verbessern sich die schulischen Leistungen

Das zeigen verschiedenste Studien. Die Schüler lernen nicht nur für sich, sondern auch für den Lehrer, weil sie ihn nicht enttäuschen wollen. Können sie einen Lehrer nicht ausstehen, werden sie sich nicht auf sein Fach einlassen. Somit ist der Lehrer der Türöffner zum Wissen. Eine vertrauensvolle Beziehung zwischen Kind und Lehrer ist eine wichtige Grundlage für den Lernerfolg.

Den Lehrern geht es wie den Schülern

Nur wenn sie sich in der Schule wohl fühlen, werden sie gern hingehen und sich engagieren. Lehrer arbeiten besser, wenn sie sich vom Kollegium akzeptiert und unterstützt fühlen. Und je vertrauensvoller die Beziehungen der Lehrer untereinander sind, desto besser sind die Leistungen der Kinder. Auch Lehrer brauchen gute Beziehungen zu Vorgesetzten, Kollegen und Schülern. Sie brauchen Anerkennung und Wertschätzung von der Führung, bekräftigt Jesper Juul.

Müssen Kinder dem Leistungs-druck ausgesetzt werden?

Kürzlich war ich bei einer Freundin zu Besuch. Ihr siebenjähriger Sohn nahm in den Weihnachtsferien das erste Mal voller Freude an einem Skikurs teil. Aufgeregt und besorgt erzählte er seiner Mutter nach dem ersten Tag vom Skirennen, das am Ende des Kurses abgehalten wird. »Und was, wenn ich Letzter werde?«, fragte er.

Im letzten Jahr ging es einem anderen Kind nach dem Skirennen überhaupt nicht gut. Er machte einen niedergeschlagenen Eindruck. Als meine Freundin nach dem Grund seiner Stimmung fragte, erzählte er, dass er »nur« Letzter beim Rennen geworden war. Im seinem Dorf wurde auch darüber geredet, dass er der Schwächste der Kinder war. Er war gerade mal sieben Jahre alt!

Kooperation anstatt Konkurrenz

In Südtirol gibt es verbreitet Zirkuskurse für Kinder. Da herrscht ein anderes Prinzip, nämlich Kooperation anstatt Konkurrenz. Beim Zirkus hat jeder seinen Platz, jeder wird gebraucht genau mit den Fähigkeiten, die er hat. In einer Pyramide sind z.B. für die Spitze der Pyramide ganz kleine, leichte Kinder gefragt. Und ganz unten da braucht es starke, kräftige. Jeder hat das Gefühl richtig zu sein, so wie er eben ist.

Allgemein scheinen wir in unserer Gesellschaft

immer noch zu glauben, dass Kinder nur dann lernen wollen, wenn sie am Ende geprüft werden, so als hätten sie sonst keine Motivation zu lernen. Falsch! Kinder wollen lernen, wollen wachsen und sich weiterentwickeln! Dazu braucht es gar keinen Druck.

Welche Werte sind uns wichtig?

Es stellt sich die Frage, was wir Kindern beibringen wollen: »Gemeinsam schaffen wir das« oder »Jeder gegen jeden«?

»Wir müssen Kinder auf die harte Realität vorbereiten! Im Leben herrscht eben Konkurrenz«, hört man. Ja, man muss lernen mit Konkurrenzsituationen umzugehen. Aber man stärkt kein Kind in seiner Persönlichkeitsentwicklung, indem man es schon in jungen Jahren diesem Konkurrenzkampf aussetzt. Im Gegenteil.Und dann müssen wir uns noch fragen, was wir für die Zukunft unserer Gesellschaft wollen. Welche Werte sind uns wichtig? Sind es Werte wie Gemeinschaft und Zusammenarbeit oder »der Stärkere gewinnt«?

Ohne Angst und Druck sind gute Leistungen leichter möglich

Von Natur aus ist der Mensch auf Kooperation angelegt. Bereits Säuglinge wollen mit anderen in Beziehung treten, wollen sich in Beziehungen für andere wertvoll fühlen. Kinder wollen mit anderen zusammenarbeiten. Von Natur aus ist der Mensch ein einfühlsames, kooperierendes Wesen, das voll auf Zuwendung ausgerichtet ist.

»Wenn Angst und Druck wegfallen, sowie der Stress *Besser-sein-zu-müssen,* dann können gute Leistungen viel leichter vollbracht werden. Gemeinsam Spaß zu haben, sich auf andere Menschen einlassen können, ohne sich aneinander messen zu müssen, aufeinander schauen, Rücksicht nehmen, sind Erfahrungen, die wichtig sind, damit Kinder groß und stark werden können. Damit sie das erfahren, brauchen sie Familien und Gruppen, wo das Miteinander im Vordergrund steht. Die psychische Stabilität eines Menschen wird durch die Abwesenheit von seelischen Belastungen wie z.B. Leistungsdruck nachhaltig positiv beeinflusst – besonders in der Kindheit.« Dies schreibt die Katholische Jungschar Österreichs.

Welche Fähigkeiten braucht jedes moderne Unternehmen und die Gesellschaft?

Alles was wir in der heutigen Beziehungs- und Arbeitswelt brauchen, hat mit Kooperation zu tun: Teamfähigkeit, Kommunikations- und Konfliktfähigkeit, Fairness, Dialogfähigkeit, partnerschaftlicher Umgang, Respekt, Offenheit für Ideen anderer, gemeinsam Lösungen finden.

Machen wir es doch wie beim Zirkus. Geben wir jedem Kind seinen Platz aufgrund seiner Fähigkeiten, seinem Temperament und seiner Neigungen. Sagen wir jedem Kind: »Es ist gut, so wie du bist! Schön, dass es dich gibt!«

Stress bei Kindern

Stress ist heute ein Modewort geworden und in aller Munde. »Hast du Stress?«, ist eine gängige Frage. Fast schon genauso gängig wie die Aussage »Ich habe keine Zeit.« Wer nicht sagen kann, dass er unter Stress steht, wird ja fast schon argwöhnisch betrachtet. Vielleicht zeigt sich da ja ein kleiner Faulpelz? Wer Stress hat, hat natürlich auch das Gefühl, dass er wichtig ist. Denn wir definieren uns ja fast ausschließlich über unsere Leistungen. Wer bin ich schon, wenn ich mein Leben mit Gelassenheit angehe, meine Lebenszeit genieße und mir Zeit für Muße und Nichtstun nehme?

Was als Stress empfunden wird, ist von Mensch zu Mensch verschieden

Stress erzeugen Ereignisse, die wir als unangenehm, bedrohlich oder überfordernd erleben. Stress entsteht immer dann, wenn ich keine geeigneten Bewältigungsmethoden für eine schwierige Situation finde. Die Situation wird als Belastung empfunden.

Die innere Haltung spielt hier eine große Rolle. Perfektionisten erleben häufiger Stress als entspannte Menschen. Perfektionismus ist eine regelrechte Geißel. Auch wenn ich meine Ansprüche sehr hoch schraube und hohe Erwartungen an mich habe, stehe ich schneller unter Stress, als wenn ich meine Leistungsanforderungen an meinem Können ausrichte.

Stress bei Kindern und Jugendlichen

Stress kann sich körperlich und seelisch äußern: Betroffene Kinder und Jugendliche klagen zum Beispiel über Magenschmerzen, Schweißausbrüche oder Kopfschmerzen, sind gereizt, stark erschöpft oder haben Angst. Als kurzzeitige Reaktionen auf aktuelle Ereignisse, wie beispielsweise eine schwierige Schularbeit, ist das völlig normal. Problematisch wird es erst, wenn die Symptome länger anhalten.

Manche Kinder und Jugendliche werden aggressiv und reagieren destruktiv. Sie fallen auf, weil sie ständig stören. Andere wiederum ziehen sich in sich selbst zurück. Sie erzählen wenig und wirken antriebslos. Beide Reaktionen können längerfristig den Effekt haben, dass die sozialen Beziehungen beeinträchtigt werden.

Es gibt natürlich eine Vielzahl an Stressoren, welche Kinder und Jugendliche im Alltag belasten können, beispielsweise Konflikte mit Eltern, Lehrern oder Gleichaltrigen, finanzielle Probleme, Schwierigkeiten mit dem Erwachsenwerden, Druck in der Schule u.a.m. Häufig spüren die Kinder auch, wenn Eltern Probleme haben und reagieren darauf mit Symptomen.

Wechselwirkung: Stress verursacht Angst und Angst verursacht Stress

Studien aus der Hirnforschung wissen es nun ganz genau: wer Angst hat und sich dumm vorkommt, kann nichts lernen.

Das Vorbild der Erwachsenen, die mit Kindern und Jugendlichen in wichtigen Beziehungen stehen, macht für deren Stressempfinden viel aus. Wenn die Erwachsenen eine gewisse Gelassenheit zeigen und nicht gleich in Panik verfallen, wenn mal etwas nicht klappt, überträgt sich das auch auf die Kinder und Jugendlichen.

Die Botschaft »Fehler machen ist erlaubt« entspannt die Kinder

Und natürlich entspannt es Kinder und Jugendliche, wenn Eltern und Lehrpersonen ihnen zeigen, dass sie wertvoll und in Ordnung sind, unabhängig von irgendwelchen Leistungen. Das stärkt überdies das Selbstwertgefühl der Kinder.

Wenn Erwachsene merken, dass sich Kinder oder Jugendliche eigenartig verhalten, dann gehen die Erwachsenen am besten mit ihnen in ein Gespräch, wo sich der Erwachsene ernsthaft für das Innenleben des Kindes oder Jugendlichen interessiert. Denn auch wahrhaftes Interesse am eigenen Erleben wirkt stressreduzierend.

»Die wichtigste Aufgabe, die Eltern heute haben ist: ihre Kinder vor dem Druck, den die Gesellschaft diesen Kindern macht, zu bewahren«, ist der Gehirnforscher Prof. Gerald Hüther überzeugt.

Wenn Jugendliche die Schule verweigern

Paul ist 16 Jahre alt. Ihn interessiert die Schule schon länger nicht mehr. Er schwänzt, lernt nicht, bekommt eine negative Note nach der anderen. Es ist sogar schon ein Brief nach Hause geflattert, wo seine Eltern auf sein störendes Verhalten hingewiesen wurden. Seine Eltern machen sich große Sorgen. Sie haben es mit Hausarrest, mit Drohungen, mit Belohnungen und Druck probiert, aber nichts hat geholfen.

Wenn Jugendliche die Schule verweigern, dann sehen wir meist nur ihr Verhalten, schauen aber nicht tiefer. Paul hat eine Krise auf existentieller Ebene, die er alleine nicht meistern kann. Deshalb geht es jetzt in erster Linie darum, den Kontakt mit ihm nicht zu verlieren, mit ihm in Beziehung zu bleiben und gemeinsam herauszufinden, wie es ihm geht. Da nützt es nichts, ihm ständig das gleiche zu sagen. Paul weiß, dass seine Eltern sein Handeln ängstigt. Seine Eltern müssen ein authentisches Gespräch mit ihm führen. Sie müssen wissen, dass destruktives Verhalten immer die letzte Wahl von Menschen ist, wenn sie keine andere Handlungsmöglichkeit mehr sehen.

Was könnten die Eltern von Paul tun?

Sie könnten mit Paul zum Abendessen fortgehen und ihm sagen, dass sie etwas mit ihm besprechen wollen. Nach dem Essen sollten sie so offen wie möglich sein und ihm etwa Folgendes sagen: »Wir sehen, dass dich die Schule nicht mehr interessiert. Wir wissen nicht warum und wir wissen, dass du weißt, dass uns das Angst macht. Wir haben alles getan, was in unserer Macht steht, um dir zu helfen. Aber es hat dir nicht geholfen. Wir werden dir die Verantwortung für die Schule zurückgeben, in dem Vertrauen, dass du das Beste machen wirst, was dir möglich ist. Wir möchten aber für dich da sein, wenn du unsere Hilfe brauchst. Auch interessiert uns, was dich in der Schule belastet. Bitte sag Bescheid, was wir für dich tun können!«

Warum solche Worte?

Paul braucht jetzt etwas ganz dringend: Er muss spüren, dass seine Eltern an ihn glauben und darauf vertrauen, dass er das Beste aus seinem Leben macht. Das Beste zu dem er imstande ist. Warum sollen ihm seine Eltern die Verantwortung für die Schule zurückgeben? Die Eltern hatten die Ausbildung ihres Sohnes zu ihrem eigenen Projekt gemacht. Daher bestand für Paul nicht mehr die Notwendigkeit, dieses Projekt eigenverantwortlich in die Hand zu nehmen. Aber das ist wichtig, denn bald ist er volljährig. Bis dahin sollte er schrittweise gelernt haben, was es heißt, Verantwortung für das eigene Leben zu übernehmen.

Dazu braucht er Menschen an seiner Seite, die an ihn glauben und sich für seine Welt interessieren, ohne besserwisserisch, belehrend oder beschimpfend zu sein. Sonst wird er sich wieder falsch fühlen, für das, was gerade passiert, jede Menge Schuldgefühle entwickeln und seinen Eltern nicht mehr vertrauen. Das schlimmste was ihm passieren kann ist, dass er mit so einer schwierigen Situation alleine gelassen wird. Er braucht jetzt mehr denn je ihre unbedingte Liebe.

Jugendliche brauchen Unterstützung, wenn das Leben chaotisch wird

Jesper Juul sagt dazu: »Ihr Sohn setzt in diesem Moment sprichwörtlich seine Existenz auf`s Spiel, indem er gegen Autoritäten und Normen aufbegehrt. Das ist etwas, das viele Menschen erst sehr viel später in ihrem Leben wagen oder überhaupt nie. Sein Verhalten ist also nicht gegen Sie als Eltern gerichtet – er tut alles für sich selbst! Je weniger persönlich Sie es nehmen, desto besser wird Ihre Beziehung zu ihm in den nächsten 40 Jahren sein.«

Jugendliche haben keinen ausgeprägten Bedarf an der aktiven Unterstützung ihrer Eltern, wenn ihr Leben sich harmonisch entwickelt. Doch benötigen sie die volle Unterstützung, wenn ihr Leben kompliziert und chaotisch wird und sie um jeden Millimeter ihrer neuen Identität kämpfen müssen.

Chatten, spielen, glotzen – die Faszination an Computerspielen

Der 14-jährige Tom sitzt täglich stundenlang am Computer. »Er will den ganzen Tag (und die ganze Nacht) sein Handy, iPod und PC zur freien Verfügung haben, was zur Folge hat, dass er sich mit nichts anderem mehr beschäftigt - wir haben es ausprobiert,« so eine verzweifelte Mutter.

Ist mein Kind computersüchtig?

Viele Eltern stellen sich diese Frage und sind dabei sehr verunsichert. Manche Eltern reagieren aus einem Impuls heraus oft sehr hart und greifen zu drastischen Mitteln – Computerverbot! Eines ist ganz sicher: Mit Verboten oder erhobenem Zeigefinger erreichen wir die Kinder nicht! Statt die neuen Medien blind zu reglementieren, ist es sinnvoller, sie als gegeben hinzunehmen und - ähnlich wie bei anderen potenziellen Suchtmitteln - zu überlegen, wie ein passender Umgang mit ihnen aussehen könnte. Das wichtigste ist, mit dem Kind in Kontakt zu bleiben!

Laut dem Psychologen Jürgen Wolf folgt jemand, der wirklich spielsüchtig ist, seiner Sucht, sobald er wach ist - genau wie Kettenraucher oder Alkoholiker. Er spielt, bevor er frühstückt - oder stattdessen. Er setzt sich an den Computer, statt in die Schule zu gehen, isst vor dem PC, vernachlässigt sich und seine sozialen Kontakte.

Warum sind Kinder so fasziniert von Computerspielen?

Es gibt drei Motive, warum Kinder und Jugendliche digitale Medien nutzen: Langeweile, Erfolgserlebnisse, Stressabbau und Pflege von Sozialkontakten. Das ist erst mal nichts Schlechtes. Wenn sich jedoch das Handy und der Computer ständig in unmittelbarer Nähe befinden, greifen viele im ersten Impuls nach dem Gerät. Alternativen haben so kaum eine Chance.

Man muss jedoch auch sagen: Kinder lernen am Vorbild. Wenn Eltern sich mit dem Smartphone an den Tisch setzen oder es nicht schaffen, ihr Kind im Kindergarten abzugeben, ohne das Gerät vom Ohr zu nehmen, ist das ein problematisches Modellverhalten. Wieviel Selbstkontrolle habe ich als Erwachsener?

Bleiben Sie neugierig auf Computervorlieben ihrer Kinder

Begegnen Sie ihrem Kind auf der Beziehungsebene und zeigen Sie aufrichtiges Interesse, lassen Sie sich auch mal etwas erklären. Kinder freuen sich in aller Regel über das Interesse der Eltern und erläutern ihnen gerne ihr Spiel. Wenn Sie auch einmal mitspielen, können Sie mit Ihrem Kind über seine Erfahrungen reden. Wenn Sie in Kontakt mit der Spielewelt

Ihres Kindes bleiben, können Sie reagieren, wenn es Probleme gibt.

Wenn Sie mit einem bestimmten Spiel Ihre Probleme haben, bringt es nicht viel, es abzuwerten. Sie können aber Ihre Meinung dazu sagen und dem Kind erklären, warum Sie es ungeeignet oder gar furchtbar finden. Hören Sie sich dann auch die Gegenargumente an, diskutieren Sie gemeinsam. Ihre Meinung ist Ihrem Kind nicht egal, vor allem dann nicht, wenn es Ihr ehrliches Interesse spürt und nicht nur den moralischen Fingerzeig sieht. Um Gefährdungen und Beeinträchtigungen für die Entwicklung ihres Kindes zu vermeiden, sollten Sie dafür Sorge tragen, dass Ihr Kind nur die Spiele spielt, die für das entsprechende Alter freigegeben sind.

Wie viele Stunden täglich darf ein Kind am Computer spielen?

Bei vielen Kindern und Jugendlichen gibt es unterschiedlich lange Phasen, in denen bestimmte Medien einen wichtigen Platz in ihrem Leben einnehmen. Wenn sie ein neues Computerspiel entdecken, ist es nicht ungewöhnlich, dass sie viel Zeit am Computer verbringen. Das ist noch kein Grund, sich Sorgen zu machen, solange Freundschaften gepflegt werden, andere Hobbys (z.B. Sport, Musik) nicht aufgegeben werden und die Schulleistungen nicht leiden. Es ist jedoch wichtig, im Gespräch über den Medienkonsum und über das Geschehen in Schule und Freizeit zu bleiben.

Auch wenn Ihr Kind gerne sehr lange vor dem Computer sitzen würde, empfiehlt es sich, die Spielzeiten klar zu begrenzen. In medienpädagogischen Veröffentlichungen wird empfohlen, dass in der Vorschulzeit und in den ersten Grundschuljahren Kinder täglich nicht mehr als eine halbe Stunde am Computer verbringen sollen. In späteren Jahren können Eltern schrittweise eine höhere Spieldauer zulassen. Mit Kindern über zehn bis zwölf Jahren sollten Sie gemeinsam Zeitgrenzen vereinbaren. Bei der Vereinbarung der Spielzeiten sollten Sie den Video- und Fernsehkonsum mit berücksichtigen.

Mit gemeinsamen Vereinbarungen erfahren Kinder, dass sie auch selbst die Verantwortung dafür tragen, rechtzeitig - an einer im Spielverlauf geeigneten Stelle - ein Spiel zu beenden. Überzieht Ihr Kind die vereinbarte Spielzeit, weil es gerade in einer entscheidenden Spielphase steckt, kann es die bessere Lösung sein, an anderen Tagen die Computerspielzeiten dafür zu kürzen. Vereinbaren Sie dies am besten bereits vor dem Spiel. Somit helfen Sie Ihrem Kind, verantwortungsvoll mit Medien und mit Abmachungen umzugehen.

Mit vorher gemeinsam vereinbarten Grenzen erfahren Kinder, dass sie auch selbst die Verantwortung dafür tragen, rechtzeitig - an einer im Spielverlauf geeigneten Stelle - ein Spiel zu beenden. Überzieht Ihr Kind die vereinbarte Spielzeit, weil es gerade in einer entscheidenden Spielphase steckt, kann es die bessere Lösung sein an anderen Tagen die Computerspielzeiten dafür zu kürzen. Vereinbaren Sie dies am besten bereits vor dem Spiel. Somit helfen Sie Ihrem Kind, verantwortungsvoll mit Medien und mit Abmachungen umzugehen.

Weitere Infos unter: **www.klicksafe.de**

Ohne Handy geht's nicht mehr

Es sieht so aus als könnte Sabine ohne ihr Handy nicht mehr leben. Die Fünfzehnjähre ist praktisch den ganzen Tag online und wenn man sie bittet das Handy wegzulegen, gibt es Krach. Was tun als Eltern?

Zu allererst ist es wichtig zu verstehen, was das Handy für die jungen Leute (und nicht nur für die Jugendlichen, sondern auch für viele Erwachsene) bedeutet: Es stillt die Sehnsucht nach Kontakt und Beziehung. Und es erfüllt den Wunsch, von anderen angenommen und anerkannt zu werden, auch wenn sie dafür ständig im Internet sein müssen. Das ist wichtig zu wissen. Zudem müssen wir alle den Umgang mit den neuen Medien erst lernen.

Den eigenen Umgang überprüfen

Die Eltern sollten sich ihren eigenen Umgang mit dem Handy bewusst machen: Hüpfe ich bei jedem Pieps- Ton auf um nachzusehen, wer mir eine Whatsapp geschrieben hat oder etwas auf Facebook gepostet hat? Wie präsent ist das Handy, wenn ich mit den Kindern esse, mich mit ihnen beschäftige? Oder bin ich ständig abrufbereit? Haben die Informationen, Emails, Nachrichten von Außen Priorität vor dem was gerade jetzt in der Familie passiert? Wie ist der Medienkonsum generell in unserer Familie? Läuft der Fernseher oder das Radio während der Mahlzeiten? Brauche auch ich immer Ablenkungen? Liegt das Handy in der Nacht online neben meinem Bett, oder legen wir es abends alle in die Küche? Gibt es Zeiten, wo das W-Lan ausgeschaltet wird?

Es ist sinnvoll Zeiten in der Familie einzuführen, wo es erlaubt ist online zu sein und sich jeder mit den digitalen Medien beschäftigen kann. Nur wenn Eltern selbst einen angemessenen Umgang mit den neuen Medien vorleben, sind sie für die Kinder glaubwürdig. Wenn Kinder das von klein auf vorgelebt bekommen, dann ist es leichter mit ihnen bei diesem Thema zu verhandeln.

Das Pizzaessen

Sollte Ihr Kind bereits einen exzessiven Handykonsum haben, ist es sinnvoll, es auf eine Pizza einzuladen. Sagen Sie ihm, dass Sie mit ihm über seine Handynutzung reden möchten. Interessieren Sie sich dafür, warum das Handy für Ihr Kind so wichtig ist und was es eigentlich damit macht. Hören Sie ihm zu. Entwickeln Sie Verständnis für sein Tun. Und dann sagen Sie ihm, bitte ohne Vorwurf, dass Ihnen die momentane Situation nicht gefällt. Sprechen Sie davon, was Sie denken, was Sie beunruhigt und was Sie von Ihrem Kind wollen. Sprechen Sie mit Ihrem Jugendlichen so, als würden Sie dieses Gespräch mit einem erwachsenen Freund führen, mit dem Sie auch nach dem Gespräch noch befreundet sein wollen. Also: keine Vorwürfe, keine Drohungen, keine Kritik. Aber sagen Sie klar, wie Sie die Situation sehen.

Gehen Sie in Verhandlung: Wo können wir uns treffen? Wo bin ich bereit dir entgegenzukommen und wo bist du bereit mir entgegenzukommen? Fragen Sie Ihr Kind, was es drüber denkt und welche Vorschläge es hat. Wenn es keine weiß, dann sagen Sie: »Ok, dann denk darüber nach. Ich frage dich in drei Tagen nochmals.« Und in drei Tagen fragen Sie nochmals.

Verbote sind verlockend, aber nicht immer zielführend

Als Eltern ist es immer wieder verführerisch mit Verboten zu drohen oder diese auch durchzusetzen. Das kann man auch tun. Aber es stellt sich die Frage nach Ihren Zielen. Wollen Sie, dass Ihr Kind Schritt für Schritt lernt Verantwortung für sein Leben zu übernehmen, oder wollen Sie ein gehorsames Kind, bzw. ein Kind, das hinter Ihrem Rücken die Verbote umgeht? Wenn Sie ersteres wollen, dann müssen Sie einerseits klar Stellung beziehen und zu Ihren Gedanken und Gefühlen stehen, andererseits müssen Sie sich für Ihr Kind interessieren und ihm mit Respekt begegnen. Verhandlungen gehören dazu.

Wenn Kinder und Jugendliche erleben, dass man sich für ihre Sicht der Dinge interessiert, ohne sie gleich dafür zu verurteilen, wenn sie erleben, dass Mutter und Vater eine Meinung haben und diese auch vertreten, ohne das Kind dabei zu beschimpfen, wenn Dialoge und Verhandlungen respektvoll geführt werden, dann stärkt das die Beziehung. Man bekommt als Eltern dann zwar nicht immer was man will, aber Kinder lernen viel dabei: Wie gehe ich mit Situationen um, wo wir unterschiedliche Meinung sind, ohne den anderen fertig zu machen.

Sinnvolle Handyregeln

Claudia (14) kommt von der Schule schon mit dem Handy in der Hand nach Hause. Beim Essen legt sie nur mit Murren und mit mieser Laune das Handy auf die Seite und den Nachmittag verbringt sie in ihrem Zimmer, chattend mit den Freundinnen. Am Abend wird es meistens spät, oft ist sie bis nach Mitternacht unter der Bettdecke online, obwohl ihre Eltern glauben, die Tochter schläft schon lange in ihrem Bett.

So wie Claudia ergeht es vielen Kindern und Jugendlichen

Für sie ist das Mobiltelefon fester Bestandteil des Alltags. Sie nutzen es zum Chatten, Surfen, Spielen, Videos ansehen, Musik hören und Downloaden und manchmal auch zum Telefonieren und Recherchieren.

Neben den rein praktischen Dingen erfüllt es vor allem soziale Funktionen, wie Pflege von Freundschaften und Netzwerken und Organisation des Alltags. Im Netzwerk dazugehören gibt ihnen Sicherheit und Anerkennung. Kommunikation verläuft heute nicht mehr nur sprachlich und körperlich, sondern auch medial. Ein Handyverbot käme einer sozialen Entwurzelung gleich.

Neben allen positiven Aspekten des Internets, gibt es aber auch problematische Seiten:

Kinder und Jugendliche surfen zu sorglos, stellen sensibel Daten, wie eigene Adresse bis Bankcodes, intime Texte, Bilder und Videos ins Netz. Die Gefahren von Viren, Hackern, Kostenfalle bei Downloads, Belästigungen und Cyber-Mobbing sind bereits Tatsachen bei vielen Jugendlichen.

Was durchaus schon früher stattfand – Klatsch und Tratsch, Ausgrenzung, Hänseleien, Bloßstellen, körperliche Attacken – finden via Handy eine noch nie da gewesene Verbreitungsmöglichkeit. »Zu Hause« ist kein Zufluchtsort mehr wie früher, die Angriffe kommen per SMS, Chat und e-mail, oft auch nachts und an viele Netzteilnehmer. Sie haben fatale Auswirkungen auf Psyche, Gesundheit und Sozialverhalten von Opfern und Tätern.

Das Privatleben wird öffentlich

Spätestens wenn Freundschaften zerbrechen, werden intime Texte und Bilder oft als Waffe benutzt. Oft werden peinliche Situationen oder »happy slapping« (angezettelte Schlägereien) gefilmt und ins Netz gestellt. Viele Jugendliche und auch Erwachsene glauben, sie müssen sich im Internet an keine Regeln halten oder sie werden nicht verfolgt. Wichtig zu wissen ist, dass in Italien bereits Jugendliche bei solchen Delikten ins Vormerkregister eingetragen werden, was eine erhebliche Erschwernis bei der späteren Arbeitssuche ist. Hier leistet die Postpolizei gute Arbeit.

Was können Eltern tun?

- Eltern sind Vorbilder, z.B. bei der Einhaltung von handyfreien Zeiten (beim Essen, in der Nacht, ...)

- Gemeinsam mit den Kindern surfen und dabei die Internetnutzung gezielt anleiten (machen sie mit dem Kind den Handyquiz auf **www.klicksafe.de**)

- Lern- und Spielprogramme installieren

- Smartphone im Grundschulalter muss nicht sein. Experten raten bis zu 13 – 14 Jahren zu warten. Für Notfälle eignet sich ein einfaches Handy ohne Internetzugang. Zu Hause können die Kinder an einem Familiengerät das Internet benutzen und soziale Kontakte pflegen.

- Kindgerechte Suchmaschinen anbieten!

- Regeln für die Nutzung verständlich und akzeptabel kommunizieren, aber nicht zu restriktiv.

- Kinder und Jugendliche aufklären: Was darf man online nicht tun? Was magst du selber nicht? Wo hört der Spaß auf? (80% aller Notrufe sind Juxanrufe von Kindern!) Wo wird die Intimsphäre verletzt (z.B. Mitschülerfotos, Filme, Gewalttaten, Aktfotos,...)?

- Kind zu Selbstverantwortung erziehen: wie kannst du dich selbst schützen? Altersschranken befolgen, Chat aufhören, wenn´s unangenehm wird, persönliche Daten schützen, Achtung bei Geld und Downloads,

Eltern oder kompetente Erwachsene Informieren

- Nicht alles im Internet ist wahr (von Infos bis zu Personen, Namen und Altersangaben)!

Unsere Kinder brauchen Vertrauen und Hilfe

Geheime Kontrollen können zu Vertrauensbruch führen – Kinder haben ein Recht auf eine Privatsphäre! Auch Internetverbote wirken sich oft negativ auf die Beziehungsebene aus, denn verbietende Eltern ohne Grundkenntnisse werden nicht ernst genommen.

Bleiben Sie in gutem Kontakt mit ihrem Kind und lassen Sie sich auch immer wieder Webseiten zeigen. Wenn ein Kind sich plötzlich sonderbar verhält, Essen und Pflichten vergisst, depressiv ist, Angstzustände hat, die Schule oder den Schulweg verweigert..., gehen sie bitte in Kontakt mit der Schule und mit Fachpersonen. Oft steckt Cybermobbing dahinter.

Schaffen sie als Ausgleich zum Handykonsum Sozialkontakte und laden Sie Freunde zu Hause ein. Gute Beziehungen zu Eltern und Freunden sind immer noch der beste Schutz.

Interessante links:
www.saferinternet.at
www.jugendschutz.net

Nebel hinter der Stirn oder was läuft ab in der Pubertät

Haben Sie grade ein pubertierendes Kind? Mit allem was so dazu gehört? Widerstand, Streitlust, Null-Bock auf nichts, Stimmungsschwankungen usw.? Willkommen in der zweiten Selbstständigkeits-Phase! Nach dem sogenannten Trotzalter folgt nun ein zweiter Loslösungsprozess des Kindes von seinen Eltern.

Wie man jetzt aus Gehirnforschungen weiß, sind nicht nur die körperlichen und seelischen Umbauarbeiten dramatisch, auch das Gehirn macht in der Pubertät gewaltige Veränderungen durch.

Julia Koch bezieht sich in der Zeitschrift *Der Spiegel* auf verschiedene Forschungsergebnisse, aus denen hervorgeht, dass in dieser Zeit nicht unbedingt der Jugendliche verrückt spielt, sondern seine kleinen grauen Zellen. Im Teenagerhirn, so neueste Hirnforschungen, herrscht ein heilloses Durcheinander. Man hat lange geglaubt, dass das menschliche Gehirn mit etwa zwölf Jahren ausgereift ist, in Wahrheit vollzieht sich danach noch einmal ein gewaltiger Wandel.

Mit Beginn der Pubertät sterben Milliarden von Zellen und Kontaktstellen ab. Bis zu 30.000 Nervenverbindungen gehen pro Sekunde (!) bei diesem Ausleseverfahren zugrunde. Entsorgt werden vor allem jene, die selten gebraucht werden. Offenbar trennt sich das Gehirn von Störendem, um fit zu werden für die Herausforderungen des Erwachsenenlebens.

Viele Teenager sind in dieser Zeit aufmüpfig und auffallend risikofreudig

Dies ist damit zu erklären, dass nicht alle Teile des Denkorgans gleichzeitig heran reifen. Ausgerechnet die oberste Kommandozentrale des Gehirns lässt sich Zeit: Bis im präfrontalen Cortex (Frontalhirn) alles rund läuft, jenes Areal im Gehirn, das für eine gute Konfliktlösung und für bedachte Handlungen zuständig ist, vergehen laut Gehirnforscher oft einige Jahre. Dieses Phänomen könnte so manche Spritztour mit Papas Auto und so manchen Alkoholexzess erklären.

Laut Pubertätsexperte Ralf Dawirs sollten sich Eltern beizeiten klarmachen, dass der Sinn der Pubertät jener ist, dass der Jugendliche sich emotional von den Eltern entkoppelt. Das sei eine biologische Notwendigkeit, sonst könne er nicht erwachsen werden. Streitlust, Risikofreude, Abgrenzung von den Alten - was heute als störend wahrgenommen wird, war laut Dawirs über weite Strecken der Menschheitsgeschichte überlebenswichtig. »Heute erleben die Jugendlichen diese Phase oft als Zeit der Verbote durch die Eltern«.

Zu Beginn der Pubertät verschwinden laut Dawirs die Kinder in einem emotionalen Nebel und es sei umso schöner, wenn sie dann als Erwachsene wieder rauskommen.

In dieser Zeit brauchen Jugendliche Eltern, die auch mal einen Schritt zurück treten können, und zugleich aber da sind, wenn sie gebraucht werden.

Wenn es den Kindern gut geht und sie etwas Sinn-
volles machen, dann brauchen sie uns nicht. Sie brauchen uns vor allem bei Schwierigkeiten und in Krisen-
zeiten. Und da brauchen sie nicht unsere Belehrungen,
sondern unsere Solidarität und unsere Unterstützung.
Laut Jesper Juul benötigen die Jugendlichen die Hilfe
der Erwachsenen in Situationen, wo sie selbst nicht
weiterkommen. Wenn ein Erwachsener in einer solchen Situation nicht weiß was antworten, kann er/
sie sich überlegen, was er/sie in derselben Situation
zu einem besten Freund sagen würde. Wenn wir als
Erwachsene in einer Krisensituation stecken, wollen
wir auch keine Vorlesungen, denn meist haben wir
selbst schon viele Möglichkeiten durchgecheckt und
brauchen nicht noch von außen Vorwürfe und Vorhal-
tungen.

Jugendliche brauchen Eltern, die klar ihre Position vertreten, gerade auch, wenn das ein NEIN ist

Sie brauchen Eltern, welche die Kinder mit ihren
Erfahrungen, mit ihrem Mehr-Wissen begleiten. Die
persönlichen Auseinandersetzungen signalisieren
dem Jugendlichen: meine Eltern interessieren sich
für mich. Jugendliche lieben es, wenn Eltern ihre ehrliche Meinung sagen.

Sie brauchen Eltern, die ihnen einerseits viel Vertrauen entgegen bringen und die andererseits darauf
vertrauen, das Kind bis jetzt gut begleitet zu haben.
Denn eines ist sicher: Für Erziehung im herkömmli-
chen Sinne ist es in der Pubertät zu spät.

Interessante Seiten für Jugendliche und Eltern zu verschiedenen jugendrelevanten Themen finden sie unter:

www.feel-ok.ch
www.forum-p.it

»Sparring« – eine Art von Führung in der Pubertät

Die klassische Art von Erziehung funktioniert in der Pubertät nicht mehr. Das bedeutet, dass das Belehren wie das noch beim Kind funktioniert hat, jetzt nicht mehr ankommt. Jüngere Kinder brauchen Eltern, die mehr Erfahrung haben als sie selbst. Ab der Pubertät nehmen die Kinder dies nicht mehr an. Da ist eine neue Art von Beziehung gefragt. Aus Erziehung wird sozusagen eine Beziehung, die neue Qualitäten haben sollte, damit sie fruchtbringend für alle Beteiligten ist.

Jugendliche brauchen Eltern, die wie ein »Sparringspartner« arbeiten

Ein Sparringspartner ist ein Trainer im Boxkampf. Er bietet dem Boxer so viel Widerstand wie möglich und richtet so wenig Schaden wie möglich an. Sparring bedeutet dem Jugendlichen ein Maximum an Widerstand zu geben, wenn er Dinge tun will von denen Sie denken, dass sie nicht gut für ihn sind. Das heißt, dass Sie Ihre Meinungen und Überzeugungen klar zum Ausdruck bringen. Dass Sie sagen, was und wie Sie über eine Sache denken. Das heißt, dass Sie sich selbst gegenüber ehrlich sind und auch das ausdrücken, was Sie wirklich meinen. Aber nicht mit der Absicht den Jugendlichen zu erziehen. Es ist ein respektvoller Austausch wie mit einem erwachsenen Freund, der einen um die eigene Meinung bittet.

Jugendliche müssen lernen Verantwortung für sich zu übernehmen

Dazu gehört auch, dass sie Entscheidungen selbst treffen müssen. Wenn der 15-jährige auf eine Party gehen will, dann ist das Erste, was Sie machen sollten, die Details mit ihm zu klären. Wo findet die Party statt, wer kommt, wie viele, wer ist verantwortlich, wie kommt er hin, wie kommt er zurück?

Aufgrund dieser Informationen sollten Sie sich frei fühlen, Ihre Meinung über die Teilnahme an der Party zum Ausdruck zu bringen. Vielleicht gefällt ihm nicht was Sie sagen und wie Sie dazu stehen, aber es ist wichtig, dass Sie sich selbst ernst nehmen und dass das Ihr Kind mitbekommt.

Dieses »sich selbst ernst nehmen« hat eine Vorbildfunktion für Ihr Kind. Es lernt, dass man sich selbst ernst nehmen und ausdrücken darf. Man kann alles sagen, solange es nicht herablassend, bevormundend, kritisierend, drohend oder flehend ist.

Nun aber überlassen Sie dem Jugendlichen die Entscheidung, ob er hin geht oder nicht. Er wird ganz sicher Ihre Überlegungen in seine Entscheidung mit einfließen lassen.

Aus Fehlern lernen dürfen

Jugendliche müssen aus den eigenen Handlungen lernen. Nur so können sie auch Verantwortung für ihr Leben übernehmen. Sollte sich herausstellen, dass es eine Fehlentscheidung war und der Abend nicht so gelaufen ist wie erwartet, ist es wichtig, dass Sie dann da sind und mit dem Jugendlichen über seine schlechten Erfahrungen sprechen. Aber bitte nicht besserwisserisch, sondern in dem Maße interessiert, wie mit einem erwachsenen Freund. »Ich hab das Gefühl die Party war nicht so toll. Möchtest du darüber reden?« Wenn der Jugendliche Nein sagt, dann gilt es diese Grenze natürlich zu respektieren.

Eltern sind das Sicherheitsnetz besonders dann, wenn etwas schief läuft

Eltern sollten wie ein Sicherheitsnetz da sein, wenn Jugendliche Entscheidungen treffen, die zu ihrem Nachteil sind. Jugendliche brauchen ihre Eltern gerade dann, wenn etwas schief läuft.

Die Jugendzeit besteht auch aus tausenden Experimenten. Reife entwickelt sich nur dann, wenn die Jugendlichen die Möglichkeit bekommen, ihr Scheitern mit der Familie zu teilen. Je mehr sie bestraft, belehrt und kritisiert werden, desto weniger lernen sie über sich selbst, über ihre Stärken und Schwächen.

Vom Gehorsam zur Verantwortung

Wir brauchen eigenverantwortliche Jugendliche

Vor hundert Jahren brauchte der Staat gehorsame Menschen: fügsame Soldaten und anspruchslose Fabrikarbeiter. Die aufkommende Industriegesellschaft wollte Arbeiter, die nicht viel nachdachten, sondern ohne Klagen funktionierten.

Die Welt hat sich gewandelt

Die Wirtschaft beklagt bei jungen Menschen das Fehlen wichtiger Fähigkeiten, wie Selbstständigkeit, Kreativität, Eigenverantwortung, Eigeninitiative und Teamfähigkeit. Um die Aufgaben in der heutigen Welt zu lösen, braucht es diese Qualifikationen. Die Probleme, die auf die Kinder und Jugendlichen zukommen werden, sind komplex und verlangen nach starken Persönlichkeiten.

Wie aber können junge Menschen zu starken, selbstsicheren und selbstständigen Persönlichkeiten heranreifen? Nicht indem man Gehorsam verlangt. Gehorsam schwächt das Selbstwertgefühl. Nur auf einem gesunden Selbstwertgefühl, kann sich Eigenverantwortung entwickeln.

Das Gegenteil von Gehorsam ist nicht Ungehorsam, sondern Eigenverantwortung

Eigenverantwortung bedeutet, dass man die volle Verantwortung für sein Leben und sein Handeln übernimmt. Um dieses Ziel zu erreichen, braucht es Beziehungen zwischen Erwachsenen und Kindern/Jugendlichen, die auf Interesse am Erleben des anderen und auf Dialog aufbauen. Man kann nicht erwarten, dass Kinder, die 14 Jahre lang gehorchen, als Jugendliche fähig sind, für sich selbst Verantwortung zu übernehmen.

Was bedeutet es gehorchen zu müssen?

Es bedeutet, dass man nicht in sich selbst hinein spürt und entdeckt, wer man ist, was man will, was einem wichtig ist und was einem gut tut. Es bedeutet, dass man sein Selbst verdrängt und einem das wichtiger ist, was andere wollen. Dadurch wird man leicht fremdgesteuert und manipulierbar. Man gibt schnell den anderen die Schuld, für das eigene Handeln nach dem Motto: »Ich musste das ja tun/sagen, weil du jenes getan/gesagt hast.«

Es gibt zwei Möglichkeiten

Entweder man übernimmt die Verantwortung für sich selbst, oder man wird zum Opfer anderer. Wer rigoros Gehorsam verlangt, verursacht damit, dass sich das Selbstwertgefühl des Kindes nicht entwickeln kann. Warum? Das Selbstwertgefühl hat zwei Dimensionen. Es besteht aus dem »was ich über mich weiß«

und aus dem, »wie ich mich zu mir selbst verhalte«.

Wenn ich gehorsam bin, dann orientiere ich mich an den Bedürfnissen anderer und verleugne, was ich in mir spüre, meine eigenen Grenzen und Bedürfnisse. In Folge kenne ich mich nicht gut. Mir fehlt das Selbst-Gefühl.

Zweitens verhalte ich mich nicht verantwortungsvoll mir gegenüber, sondern nur gegenüber den anderen. Somit gebe ich meinem Selbst keinen Wert. In Folge sorge ich nicht gut für mich und gebe die Verantwortung für mein Handeln nach außen ab. Zahlreiche Kriege zeigen was passiert, wenn Menschen die Verantwortung für das eigene Handeln abgeben.

Gehorsam ist nicht nur schlecht

Man muss sich auch unterordnen und anpassen können. Das ist wichtig für ein gutes Zusammenleben. Aber man muss selbst entscheiden dürfen, wenn man das tun will. Die Fähigkeit zu wählen bewahrt vor Unterdrückung.

Wenn Kinder ungehorsam werden, dann ist das ein sicheres Zeichen dafür: Sie sind in ihrer Beziehung zu den Erwachsenen schon viel zu lange über ihre eigenen Grenzen und Bedürfnisse hinweggegangen. Jetzt müssen sie für sich kämpfen. Was es jetzt braucht sind Erwachsene, die bereit sind, sich in die Welt des Kindes hineinzuversetzen, die Gespräche mit ihm suchen und herausfinden wollen, was sie in der Beziehung zum Kind gemacht haben, dass es verletzt wurde und sich jetzt wehrt.

Was erzieht nun wirklich?

Viele Eltern fragen sich: »Was erzieht denn nun wirklich?«, »Wie geht eine gute Erziehung?« Viele erleben, dass Kinder oft nicht zuhören, wenn die Erwachsenen ihnen etwas beibringen wollen. Es geht beim einen Ohr rein, beim anderen raus. Oder die Kinder tun einfach nicht, was die Eltern wollen.

Die gute Nachricht ist die: Eltern können sich entspannen. Man muss in der Erziehung nicht so viel arbeiten, nicht so viel tun. Warum?

Was wird vorgelebt?

Es erzieht das, WIE die Eltern den Kindern, sich selbst und anderen Menschen begegnen. Was wirklich erzieht und was die Kinder aufnehmen wie ein Schwamm das Wasser, ist was die Eltern ihnen vorleben.

Man muss Kinder nicht dauernd belehren darüber, wie man sich verhält, denn sie kopieren automatisch das Verhalten der Erwachsenen in ihrem Umfeld. Der zentrale Punkt, der auf Kinder nachhaltigen Einfluss hat, ist die *Qualität* der Beziehungen, in denen sie leben.

Ob wir uns in der Familie wohl fühlen, uns gut entwickeln und unser Selbstwertgefühl stärken, hängt vor allem damit zusammen, wie wir uns begegnen. Und auf die Kinder hat die Art WIE sich die

Erwachsenen untereinander begegnen und WIE sie den Kindern begegnen den größten Einfluss auf ihre Entwicklung und auf ihr Wohlbefinden.

Es geht in Beziehungen zum einem um das WAS und zum anderen um das WIE. Das WAS sind die Inhalte: sind wir Vegetarier oder Fleischesser, essen wir gemeinsam oder jeder für sich, welche Religion und Werte haben wir, ziehen wir die Schuhe im Haus aus oder nicht, ist Fernsehen erlaubt oder nicht, ist uns Sport wichtig oder nicht, usw. All das sind die Inhalte unserer Familie. Diese sind in jeder Familie unterschiedlich, je nach Kultur, Brauchtum und Wertvorstellungen. Das ist sekundär für die Entwicklung von Kindern.

Das Wichtigste ist das WIE: Wie verhalten wir uns zueinander? Wie begegnen wir uns?

Das äußert sich, indem was wir sagen, wie wir es sagen, in unserer Körpersprache und an unserer inneren Haltung uns selbst und den Kindern gegenüber.

Das WIE ist der sogenannte Prozess: Wenn ihr älteres Kind die jüngere Schwester haut, weil sie seinen Turm umgestoßen hat, und Sie ihm dafür einen Klapps geben mit den Worten: »Hör auf zu schlagen!« oder »Lass das, du bist doch der Ältere!« dann prägt sich ihre Tat mehr ein als das, was sie sagen. Wenn sie das größere Kind allerdings beiseite nehmen und ihren Wunsch ruhig äußern: »Ich will nicht, dass du die Kleine haust. Wenn dir etwas nicht passt, dann sag es ihr einfach.«, dann prägt sich dieses Verhalten im Kind ein: Man kann in Konfliktsituationen miteinander ruhig sprechen und seinen Wunsch äußern.

Interessiere ich mich wirklich für mein Kind oder kritisiere und belehre ich es?

Beim WIE geht es darum: Ob wir uns wahrnehmen und ernst nehmen oder ob wir uns kritisieren und belehren. Ob jeder sagen darf, was er fühlt und denkt und damit ernst genommen wird ohne ausgelacht oder belächelt zu werden. Ob wir unsere Wünsche äußern dürfen ohne dafür verurteilt zu werden. Begegnen wir uns mit Achtung oder Respektlosigkeit? Hören wir uns gegenseitig zu? Werden die Grenzen und Bedürfnisse aller respektiert oder muss sich jemand für die anderen aufopfern?

Diese Art des Zusammenspiels, dieser Prozess, dieses »WIE begegnen wir uns« macht den größten Eindruck auf die Kinder und wirkt sich darauf aus, wie sie sich entwickeln: Wird ihr Selbstwertgefühl gestärkt? Lernen sie sich abzugrenzen, Bedürfnisse zu äußern und gut für sich selbst zu sorgen? Lernen sie sich selbst und die Mitmenschen zu respektieren?

Erziehen ist also weniger ein bewusstes TUN, sondern vielmehr ein authentisches DA-Sein

Wenn Kinder erfahren, dass Menschen in ihrem Umfeld gut miteinander umgehen und sich gegenseitig wertschätzen und respektieren, dann werden sie dies automatisch lernen und anwenden. Dafür braucht es keine künstlichen Aufforderungen.

Warum Kinder nicht still sitzen können

»Eine unbekannte Person hat sich bei mir am Telefon ausgeheult. Sie beschwerte sich über ihren sechsjährigen Sohn, der in der Klasse nicht still sitzen kann. Seine Schule will ihn auf ADHS (Aufmerksamkeitsdefizit-Hyperaktivitätsstörung) testen lassen. Das kommt mir bekannt vor, dachte ich mir. Als Kinderpsychologin fällt mir auf, dass dieses Problem heutzutage weit verbreitet ist.

Die Mutter erklärt mir, dass ihr Sohn jeden Tag mit einem gelben Smiley nach Hause kommt. Die anderen Kinder in seiner Klasse bekommen jeden Tag einen grünen Smiley für ihr gutes Benehmen. Jeden Tag wird dieses Kind daran erinnert, dass sein Verhalten inakzeptabel ist, nur weil er für längere Zeit nicht still sitzen kann. Die Mutter fängt an zu weinen: ›Er sagt Dinge wie ›Ich hasse mich‹ und ›Ich bin für nichts zu gebrauchen.‹ Das Selbstwertgefühl dieses Jungen tendiert gegen Null, nur weil er mehr Bewegung braucht«, berichtet die pädiatrische Ergotherapeutin Angela Hanscom.

Kinder brauchen Bewegung, um sich gesund entwickeln zu können

Ein gesundes Kind zwischen 1 und 15 Jahren muss ca. 2.000 Arm- und Beinbewegungen in der Stunde macht, sagt der bekannte Schweizer Kinderarzt Dr. Remo Largo. Kinder brauchen alle Tage Bewegung.

Ironischerweise laufen viele Kinder mit einem unterentwickelten Gleichgewichtssinn herum - wegen mangelnder Bewegung. Um ein gutes Gleichgewichtsgefühl zu bekommen, müssen Kinder ihre Körper in alle Richtungen bewegen, mehrere Stunden am Stück. Genau wie beim Training müssen sie das mehrmals pro Woche tun. Deswegen ist ein oder zwei Mal pro Woche Fußballtraining nicht genug, um ein starkes sensorisches System zu entwickeln, so Largo.

Zappeln ist ein starker Indikator dafür, dass Kinder nicht genügend Bewegung bekommen

Für viele Eltern und Lehrer ist Zappeln ein echtes Problem. Wenn Kinder heute in die Schule gehen, ist ihr Körper schlechter auf's Lernen vorbereitet als jemals zuvor. Dass Kinder irgendwann anfangen herum zu zappeln, um ihren Körpern die Bewegung zu geben, die sie dringend brauchen, um ›ihr Gehirn in Gang zu bringen‹, ist ganz normal.

Was passiert wenn Kinder herumzappeln? Wir fordern sie dazu auf stillzusitzen, und ihr Gehirn kehrt in den ›Schlafmodus‹ zurück, erklärt Dr. Hanscom.

Damit Kinder lernen und aufmerksam sein können, brauchen sie viel mehr Bewegung als die meisten haben. Nur so kommt ihr Gehirn in Schwung und wird aufnahmefähig. Somit stellt sich nicht mehr die Frage, ob Kinder nicht reif genug für die Schule sind, sondern ob die Schule noch nicht genug über Kinder weiß. Pausen müssen verlängert werden, stundenlanges Sitzen muss vermieden werden.

»Die meisten auf ADHS diagnostizierten Kinder sind nicht krank.«

Die Kinder sind dieselben, wie sie es vor vielen Jahren waren. Jedoch sind Eltern, Schulen, Lehrer, Behörden aus verschiedenen Gründen unter Druck. Der Druck auf diese einzelnen Kinder nimmt enorm zu. Was man einfach nicht wahr haben will ist die Vielfalt unter den Kindern. »Ich würde mir mehr Demut wünschen, von allen, von der ganzen Gesellschaft, den Kindern gegenüber, in dem Sinn, dass die Kinder nicht auf die Welt kommen um unsere Erwartungen zu erfüllen, sondern, dass sie zu dem werden, was sie sind, was in ihnen angelegt ist«, wünscht sich Dr. Remo Largo.

Eine Lehrerin aus der Nähe Hamburgs berichtet, wenn ein Kind in ihrer Klasse zappelig wird, schickt sie es auf den Schulhof, damit es zwei Runden um den Hof läuft. Anschließend, so erzählt sie, wäre für das Kind konzentriertes Lernen kein Problem mehr. Manchmal schickt sie auch die ganze Klasse für zehn Minuten zum Laufen.

Kinder müssen sich langweilen dürfen

Welche Eltern kennen diesen Satz ihrer Kinder nicht: »Mir ist so langweilig!« Nicht selten erzeugt diese Situation Stress bei den Eltern. Das Raunzen der Kinder, wenn sie sich langweilen, ist für viele nicht einfach auszuhalten. Viele Eltern bemühen sich sehr und machen Angebote, die die Kinder meist ablehnen. Oder aber die Kinder dürfen dann fernsehen, an das Handy oder an den Computer. Dann sind sie meist ruhig. Aber ist das sinnvoll?

Viele Kinder und auch Jugendliche werden heute überstimuliert

Überall werden sie beschäftigt: im Kindergarten, in der Schule, in verschiedenen Kursen. Sie werden von einem Angebot zum nächsten gefahren. Kaum sind sie Zuhause, wollen sie dann von den Eltern beschäftigt werden. Aber diese ständige Stimulation von außen verhindert, dass sie einen Zugang zu den eigenen Wünschen und Ideen bekommen. Ihnen fehlt die Stille, der Kontakt mit ihrem eignen Inneren, um herauszufinden, was sie eigentlich selbst wollen, was ihnen gefällt, was ihnen gut tut. Die permanente Unterhaltung macht die Kinder süchtig. Sie verschließt den Kontakt zum eigenen Selbst, zur eigenen Kreativität. Kinder, die ein Angebot nach dem anderen »abarbeiten«, sind zu Konsumenten geworden, abhängig von anderen, die ihnen sagen, was sie tun könnten.

Haben sie Sie ein ruhiges Gewissen, wenn Ihr Kind sich das nächste Mal langweilt

Sie müssen nichts tun. Sie können Ihrem Kind ruhig in die Augen schauen und im freundlich sagen: »Ah, du langweilst dich? Dann bin ich schon mal gespannt darauf, was dir in den nächsten 20 Minuten einfällt, was du machen könntest.«

Wer sich langweilt, fühlt sich unruhig. Aber das vergeht. Nach einiger Zeit wird das Kind kreativ werden und baut vielleicht aus den Stühlen ein Flugzeug und fliegt durch die Welt. Oder es wird zur Katze und spricht mit den Nachbarskatzen über die lästigen Hunde. Durch die Langeweile finden wir zu unserer Kreativität. Wir entdecken selbstständig, wie wir uns beschäftigen wollen. Kreativität und Selbstständigkeit werden dadurch gestärkt. Das kräftigt die Persönlichkeit des Kindes. Beides sind Eigenschaften, die ihm ein Leben lang helfen werden.

Es hat auch mit Achtsamkeit zu tun

Wenn wir beginnen in uns hineinzuhorchen und zu erkunden, was wir wollen, was uns gut tut, dann lernen wir auf unsere innere Stimme zu hören, lernen unsere Impulse wahrzunehmen. Auch das ist eine Eigenschaft, die wir als Erwachsene brauchen, wenn wir gut für uns sorgen wollen.

Die Psychologin Vanessa Lapointe drückt es sehr schön aus: »Kinder müssen in ihrer eigenen Langeweile versinken, damit die Welt um sie herum so still wird, dass sie sich selbst hören können.« Dieses Wissen entspannt auch Eltern. Sie können also in Ruhe Ihre Zeitung weiterlesen, auch wenn das Kind daneben vor Langeweile seufzt, wissend, wie wichtig diese Erfahrung ist.

Lapointe schreibt in einem Internet-Blog: »Als mein Ehemann klein war, lebte seine Familie in einer ländlichen Gegend mit viel Platz zum Herumstreunen. Er erzählt Geschichten darüber, wie er in jeder freien Stunde Löcher grub, Schätze versteckte und an kleinen Erfindungen bastelte. Ich kann ihn mir genau vorstellen, ganz versunken in dieser Arbeit, verloren in der Welt seiner Vorstellungskraft, aber viel wichtiger: in SEINER Welt. Wenn man das über meinen Mann weiß, ist es dann noch eine Überraschung, dass er heute ein Maschinenbauingenieur ist? Er baut und bastelt und erfindet immer noch. So ist er – es ist die Essenz dessen, was ihn antreibt. Die Langeweile seiner Kindheit – der Raum, der ihm gelassen wurde, um einfach zu sein – lebt heute in ihm weiter und hat großen Einfluss auf seine Persönlichkeit.«

Die legendäre Pippi Langstrupf war sehr weise. Sie erkannte, dass in Momenten ohne Plan oft neue Gedanken oder Begegnungen entstehen. Ihre Schöpferin Astrid Lindgren meinte dazu: »Und dann muss man ja auch noch Zeit haben, einfach dazusitzen und vor sich hin zu schauen.«

Jesper Juul begrüßt Langeweile auch zu zweit: »Noch besser wäre es, wenn Sie sich gemeinsam langweilen: Sie werden bemerken, dass Sie plötzlich über

Dinge sprechen und sich gegenseitig erzählen, die nur auftauchen, wenn der ›Unterhaltungsmodus‹ ausgeschaltet ist und Sie die innere Unruhe überwunden haben. Das ist der Punkt, an dem echte Nähe möglich wird. Sie können das auch mit Ihrem Partner ausprobieren.«

Mein Kind hat keine Lust!

Es ist noch nicht solange her, dass Eltern zu den materiellen Wünschen ihrer Kinder sehr oft Nein gesagt haben. Es gab kaum finanzielle Möglichkeiten, die Wünsche der Kinder zu erfüllen. Heutzutage fragen viele Eltern ihre Kinder fast ständig, was sie sich wünschen. Die momentanen Wünsche der Kinder machen die Eltern zur Richtschnur ihres Verhaltens, denn sie wollen den Bedürfnissen und Gefühlen der Kinder ausreichend Platz im Familienleben einräumen. Der Familientherapeut Jesper Juul meint, dass Eltern nicht zu den »Kellnern« ihrer Kinder werden dürfen, die ständig fragen: »Worauf hast du jetzt Lust? Was wünscht du dir?«

Kinder sind nicht glücklicher, wenn sie alles dürfen und bekommen, worauf sie gerade Lust haben!

Es gibt einen großen Unterschied zwischen Lust und Bedürfnis: Lust ist ein momentanes Gefühl, und Kinder wissen fast immer, worauf sie gerade Lust haben.

Ein Bedürfnis ist hingegen etwas Grundlegendes. Die Hauptaufgabe der Eltern ist, die fundamentalen Bedürfnisse der Kinder nach Liebe, Nähe, Sicherheit, Fürsorge, Nahrung, Wärme und Schlaf zu befriedigen. Kinder können nicht verwöhnt werden, wenn sie »zu viel« von dem bekommen, was sie wirklich brauchen!

Wie lernen Kinder den Unterschied zwischen Lust und Bedürfnis?

Kinder kennen noch nicht den Unterschied zwischen dem, was sie brauchen und dem, worauf sie gerade Lust haben. Deshalb brauchen sie Eltern, von denen sie lernen können, worin der Unterschied zwischen diesen beiden Dingen besteht. Daher wäre es in den allermeisten Fällen besser zu fragen »Was willst du?«, »Was willst du wirklich?«, statt »Worauf hast du Lust?« (es sei denn, ich will gerade ein Eis für mein Kind kaufen). z.B. »Ich hab keine Lust für den Test zu lernen!« Vater: »Das kann ich gut verstehen. Aber man kann ohne weiteres auch Dinge tun, zu denen man keine Lust hat. Du willst doch den Test gut schreiben, oder?« Sohn:»Ja, eigentlich schon...«

Oder die Tochter sagt: »Ich habe keine Lust zum Klavierunterricht zu gehen!« Mutter:»Ja, manchmal ist es etwas mühsam. Doch neulich hast du selbst gesagt, dass du dich auf das Konzert freust, bei dem du zeigen kannst, wie gut du schon spielen kannst.«

Die Unlust des Kindes ernst nehmen und trotzdem auf das Durchhaltevermögen appellieren

Der feine Unterschied liegt darin, das Kind nicht zu kritisieren, sondern es zu unterstützen, dass es etwas schaffen kann, wenn es durchhaltet. Das wird ihm später in der Ausbildung, im Beruf und im Leben allgemein zugutekommen. Das ständige Training, nämlich einen inneren Dialog über oberflächlicher

Lust oder Unlust und tieferen Bedürfnissen zu führen, ist von entscheidender Bedeutung bei erfolgreichen Menschen.

z.B. Etwas zu essen, ist ein Bedürfnis. Die ganze Tafel Schokolade aufzuessen, ist eine Lust. Schuhe zu haben ist ein Bedürfnis. Markenschuhe zu haben, ist eine Lust.

Ziele zu erreichen macht selbstbewusst und glücklich

z.B. ein Instrument zu lernen, gut im Fußball zu sein, eine gute Schularbeit geschrieben zu haben, ... macht glücklich und zufrieden. Die Fähigkeit, sich Ziele zu setzen und diese zu erreichen, kann man erlernen. Dies erfordert, dass man Phasen durchläuft, die nicht immer angenehm und auch frustrierend sein können (z.B. das Training). Hier ist es wichtig zu wissen, was man wirklich will.

Natürlich ist prinzipiell nichts dagegen einzuwenden, Dinge zu tun, weil man gerade Lust dazu hat. Doch sollte man zu beidem in der Lage sein: durchdachte Entscheidungen zu treffen und einer Laune nachzugeben.

Großeltern geben Ruhe und Halt

Diese Ruhe macht Großeltern sehr beliebt. Großeltern wollen in der Regel wesentlich weniger von ihren Enkelkindern als damals von ihren eigenen Kindern. Oft haben Großeltern die nötige Abgeklärtheit und wissen, dass nicht alles so heiß gegessen wird, wie es gekocht wird und verhalten sich auch so.

Großeltern sehen meist alles nicht so eng! Sie müssen nicht erziehen, das erledigen ja die Eltern. Mit den Dingen, die sie schon erlebt haben, gehen Großeltern gelassener um: Kinderkrankheiten, ein schlechtes Zeugnis, der erste Rausch, der erste Freund ... Mit manchen Herausforderungen, wie z.B. Drogen, sehen auch sie sich zum ersten Mal konfrontiert. Dabei hilft ihnen die Gelassenheit, zu der man erst in die Jahre kommen muss.

Was wir von Großeltern lernen können ist, dass Beziehung wichtiger ist als Erziehung

Ein Großvater sagt: »Ich war sehr ehrgeizig was meine Kinder betrifft. Heute wäre ich gelassener und würde ihnen mehr Freiheiten lassen. Damals wollte ich sie zu besten Leistungen antreiben und habe ihr Lernen sehr stark kontrolliert. Die schulischen Leistungen waren das Wichtigste. Heute wäre es mir wichtiger, Zeit mit ihnen zu verbringen. Vielleicht könnte ich mich dann auch besser beherrschen - denn dieser Leistungsdruck hat auch mich ziemlich erfasst und mancher Klaps hätte nicht sein müssen.«

Eine Großmutter sagt: »Ich wollte eine vorbildliche Mutter sein, und habe meine Check- Listen abgearbeitet. Dabei wäre es besser für mich und die Kinder gewesen, wenn wir immer wieder einfach miteinander gespielt oder gekocht hätten. Das konnte ich damals einfach nicht, ich hatte so viel zu tun! Ich würde heute viel mehr meinen Gefühlen folgen. Und dann hätte ich unsere Kinder nicht so stark an uns gebunden als sie schon älter waren. Ich hätte sie leichter loslassen sollen, auch wenn dabei was schief geht!«

Ein anderer Großvater meint: »Manchmal hatte ich richtige Machtkämpfe mit meinem Sohn: Iss den Teller ganz aus! Du stehst jetzt noch nicht vom Tisch auf! Räum jetzt sofort dein Zimmer auf!... Eines Tages hat mir mein Sohn gesagt: `So kannst du mit deinen beiden Hunden reden, aber nicht mit mir!´ Das hat gesessen. Seitdem habe ich mir einiges angesehen. Das kommt jetzt meinem Enkel zugute.«

Großeltern haben den Abstand und die Erfahrung einer Generation

»Oft staunen die Kinder dieser Großeltern«, weiß Mathias Voelchert, Leiter von familylab Deutschland, »wie diese ihre Enkel behandeln. Und oft wünschen sich die heutigen Eltern, dass sie damals auch so nachsichtig und ruhig behandelt worden wären.«

Großeltern haben schon viele neue Trends von Forschern, Pädagogen, Wissenschaftlern und Therapeuten kommen und gehen sehen. Sie wissen, dass Theorie und Praxis oft zu weit auseinanderliegen.

Großeltern haben gelernt, sich mehr um sich und die Enkelkinder zu kümmern. Und sie haben die Lockerheit sich über manches, was man für so wichtig hält, hinweg zu setzen.

Viele Großeltern wollen an ihren Enkeln wieder gut machen, was sie bei ihren eigenen Kindern -mit Abstand betrachtet- anders gemacht hätten. Viele hätten sich gerne mehr Zeit genommen, wären lieber weniger streng gewesen oder hätten lieber weniger pedantisch auf Ordnung geachtet.

Kinder sollen auch über den Tod erfahren

Der Großvater ist an einer unheilbaren Krankheit erkrankt. Er hat nicht mehr lange zu leben. Sein Tod steht bevor. Susanne, seine Tochter, nimmt das sehr mit. Sie ist geschockt, traurig und weint zwischendurch, wenn sie an das frühe Ableben ihres Vaters denkt. Michael (11 Jahre) und Tanja (7 Jahre), ihre beiden Kinder, haben ein enges Verhältnis zu ihrem Großvater. Susanne ist unsicher. Wie soll sie sich den Kindern gegenüber verhalten? Soll sie ihre Trauer zeigen? Was soll sie den Kindern sagen? Wie Susanne geht es vielen Eltern.

Wieviel sollen die Kinder wissen und mitbekommen?

Wenn der Tod eines Familienmitgliedes bevorsteht oder wenn jemand gestorben ist, dann wissen viele Eltern nicht, wie mit ihren Kindern umgehen. Sie wollen den Kindern nicht schaden und verstecken oft die eigenen Gefühle der Trauer. Aber: Kinder sollten alles über den Tod erfahren.

»Leider wird der Tod oft nicht als unausweichliche Tatsache des Lebens anerkannt. Er passt nicht in unser geschäftiges Leben. Dennoch ist er ein wichtiger Teil davon. Kinder sollten alles über den Tod erfahren dürfen, um ihn als Tatsache des Lebens zu begreifen. Das gibt ihrem Leben eine neue Perspektive und vermittelt ihnen ein tieferes Verständnis der Wirklichkeit«, ist der Familientherapeut Jesper Juul überzeugt.

Eltern sind Vorbild für ihre Kinder, auch im Umgang mit Gefühlen

Es ist wichtig, dass Kinder sehen, wie Eltern mit dem Gefühl der Traurigkeit umgehen. Sie gehört zum Leben dazu wie das Glücklichsein. Wenn Eltern schmerzhafte Gefühle verstecken, lernen die Kinder nicht, wie sie damit umgehen können und/oder beginnen diese Gefühle als schlecht anzusehen und sich davon zu distanzieren. Das nimmt dem Leben an Tiefe.

Kinder beginnen mit sechs Jahren sich mit dem Tod auseinanderzusetzen

Es ist wichtig, ihnen ihre Fragen ernsthaft zu beantworten und sie bei dieser Auseinandersetzung zu begleiten. Je freier der Umgang mit diesem Thema ist, desto leichter tun sich die Kinder, wenn sie ein anderes Mal mit dem Thema Tod oder Krankheit konfrontiert werden.

Wenn jemand gestorben ist hilft es allen, wenn man sich gemeinsam an die Person erinnert und Erlebnisse erzählt, die schönen und auch die schwierigen. Wenn Eltern über die eigenen Gefühle sprechen, geben sie den Kindern das Signal, dass auch sie das tun dürfen und dass alle Gefühle erlaubt sind. Man kann Kindern das Abschiednehmen erleichtern, wenn sie für den Verstorbenen etwas gestalten können: eine Kerze aufstellen, ein Bild malen, eine Laterne basteln, einen Brief schreiben u.v.m.

Der Trauerprozess von Kindern unterscheidet sich sehr von dem der Erwachsenen

Erwachsene erleben oft eine lange Zeit der Traurigkeit und des Kummers. Kinder hingegen erleben Trauer in Schüben. Während sie in einem Moment noch Fußball spielen, quasseln oder sich streiten, finden sie sich im nächsten Moment mitten in ihrem Trauerprozess wieder. Die Traurigkeit kommt quasi aus dem Nichts und verschwindet nach einiger Zeit wieder.

»Gespräche über den Tod und die Annahme der dazugehörigen Gefühle sind existenziell wichtig. Leider gibt es diese Unterhaltungen heute kaum noch. Wir tendieren immer mehr dazu den Tod und das Älterwerden zu verdrängen. Viele arbeiten diese Emotionen entweder alleine oder mit einem Psychologen auf. So verliert die Familie eine ihrer Funktionen - nämlich, ein Ort für herausfordernde Gefühle und Gedanken zu sein. Das ist sehr schade, denn damit geht großes Potenzial für Wachstum verloren - sowohl persönliches Wachstum als auch das als Familie«, meint Jesper Juul.

Mein Kind liebt »Doktorspiele«

Manche Eltern erschrecken oder wissen nicht genau wie damit umgehen, wenn Kinder beginnen »Doktorspiele« zu spielen, sprich, wenn sie ihre eigenen Genitalien oder die der anderen Kinder zu erforschen beginnen.

Kinder entdecken sich selbst

Wenn Kinder 3-5 Jahre alt werden, entdecken sie, dass andere Menschen anders sind als sie selbst. Dabei erleben sie auch die körperlichen Unterschiede zwischen Mann und Frau. Nun beginnen sie diese mit Neugierde zu erforschen, es entsteht eine starke sexuelle Neugierde. Freundschaften, erste Verliebtheit, Vater-Mutter-Kind-Spiele, ein bewusstes genitales Interesse machen dies deutlich.

Es kann sein, dass sie tage-, wochen- oder monatelang mit dem eigenen Geschlecht, sowie mit dem der anderen Kinder spielen. Kinder lernen durch Forschen. Auch in diesem Bereich ist diese Art des Kindes ein ganz normaler Vorgang des Lernens. Darüber muss man sich keine Sorgen machen.

Wenn Kinder »Doktor spielen« ist das nicht mit den sexuellen Gefühlen der Erwachsenen zu vergleichen. Es ist einfach ein Erforschen des eigenen und des andersartigen Körpers. Wenn Kinder an sich selbst spielen, kann sie das auch beruhigen. Je natürlicher die Kinder den Umgang mit dem eigenen Körper erlernen, desto natürlicher wird ihr Umgang mit der eigenen Sexualität werden.

Ein gutes Körpergefühl schützt vor Missbrauch

Wichtig ist, dass Sie Ihrem Kind vermitteln, dass jeder Teil des Körpers einen Namen hat, den man aussprechen kann. Nur wenn man Dinge benennt, kann man auch darüber reden. Es ist wichtig die Geschlechtsteile beim Namen zu nennen. So können die Kinder auch leichter zu den Eltern kommen, wenn sie dort von jemandem belästigt werden.

Vermitteln Sie dem Kind, dass sein Körper überall liebenswert und wertvoll ist. Zeigen Sie ihm, dass sein Körper auch sein Körper ist, sprich, dass das Kind darüber bestimmen kann, wer ihn berührt und wer nicht. So lernt das Kind »Nein« zu sagen zu anderen Menschen, wenn diese etwas machen, das ihm nicht gefällt. Worte für die Geschlechtlichkeit und Verantwortung für den eigenen Körper zu haben schützt am besten vor Missbrauch, auch in späteren Partnerschaften.

Die Freiheit zu experimentieren sollte eine echte Freiheit sein. Auch ein ›Verschwinde!‹ von Seiten des Kindes und eine Ablehnung müssen respektiert werden. Kinder müssen lernen, dass es in Ordnung ist jemanden zu mögen und dessen Nähe zu spüren. Dass es aber auch okay ist, jemanden nicht zu mögen und deshalb mit einem ›Nein!‹ zurückzuweisen.

In einem geschützten Raum experimentieren

»Die Erwachsenen sollten für einen geschützten Raum sorgen, in dem Kinder Erfahrungen sammeln und sich in ihrer Sexualität entwickeln können«, schreibt der dänische Familientherapeut Jesper Juul. Das gilt sowohl für ihre eigenen Erfahrungen als auch für jene mit Gleichaltrigen und Gleichgesinnten - ohne dass die Erwachsenen eingreifen.

»Kinder sollten erfahren, dass lustvolle Momente okay und ein natürlicher Teil ihres Lebens sind. Das ist wichtig. Es sollte ihnen möglich sein, selbst frei zu experimentieren. Natürlich im Rahmen der elterlichen Werte: Sagen Sie Ihrem Kind ruhig, was Sie für angemessen halten. Zum Beispiel: ›Das ist etwas sehr Privates. Es ist für mich in Ordnung, wenn du das zu Hause machst, aber nicht in der Öffentlichkeit‹.«

Wenn ein Kind durch die Vorgabe anderer Kindes etwas machen muss, was es nicht möchte oder wenn spitze Gegenstände mit im Spiel sind, müssen Erwachsene intervenieren – nicht moralisierend, schimpfend, sondern achtsam und ruhig.

Ab dem 6. Lebensjahr nimmt die sexuelle Neugierde etwas ab und andere Themen werden wichtiger. Den Kindern ist es nun wichtig mit dem Kopf Dinge zu begreifen. Das gute Körpergefühl bleibt ihnen jedoch ein Leben lang erhalten.

family/lab.de® – die familienwerkstatt

www.familylab.de
www.familylab.at
www.familylab.ch

familylab.de – die familienwerkstatt ist eine unabhängige Organisation, und die Adresse für Eltern, Lehrer, Mitarbeiter in Unternehmen, die eine solide Basis im Umgang miteinander finden wollen. Für Menschen, die gerne ihre eigenen Werte, im Dialog mit den Erfahrungen von Jesper Juul und familylab bezüglich Familienleben und Kindererziehung, entwickeln wollen.

In der *familienwerkstatt* sind wir Spezialisten darin, Vorträge und Seminare zu gestalten, in denen Eltern und professionelle Fachleute Anregungen und Ideen zu ihrer Arbeit finden können. Und um die bestmögliche Chemie innerhalb der Familie, zwischen Kindern und Erwachsenen, wie auch in Beziehungen innerhalb von Schulen und Betrieben, zu schaffen.

Zum einen haben wir den Wunsch, durch Vorträge, Seminare, Workshops, Symposien, Bücher, Artikel und Filme für Eltern und für Fachleute, die psychosoziale Gesundheit und das Wohlergehen der heutigen und zukünftigen Eltern und Kinder zu verbessern. Damit wollen wir die vielen unterschiedlichen Familien darin unterstützen, gesunde Beziehungen zu schaffen, ohne Gewalt und Missbrauch bei Kindern, Jugendlichen und Erwachsenen.

Zum anderen wollen wir durch öffentliche Bildung, Dialoge, Formulierung von Werten und dem Verbreiten von relevanten, wissenschaftlichen Erkenntnisse die Art und Weise beeinflussen, wie Männer und Frauen über ihre Familien denken und sie aufbauen. Ebenso wollen wir die Werte und das Verhalten in Kinderkrippen, Kindergärten und Schulen so beeinflussen, dass eine optimale Umgebung für ein gemeinsames, soziales, emotionales, kreatives und akademisches Lernen entsteht.

Unsere Vision sind Familien, Institutionen und Gesellschaften mit viel weniger Gewalt, Missbrauch, Sucht und Vernachlässigung. Wir wollen allen guten Willen, Liebe und Hingabe mobilisieren, innerhalb von Familien, Organisationen, wie auch in der Gesellschaft als Ganzem.

»Das Schlüsselwort heißt Beziehung. Ihre Qualität entscheidet über unser Wohlbefinden und unsere Entwicklung als Mensch. Kinder werden mit allen wesentlichen menschlichen Qualitäten geboren und haben daher auch dieselbe Verletzlichkeit und Überlebensfähigkeit wie Erwachsene. Eltern zu sein bedeutet, eine Rolle im Leben einzunehmen, die uns vor große Herausforderungen stellt. – Das sogenannte Problem oder Symptom ist nicht so wichtig. Wichtig ist die Person, die das Symptom trägt. Wir können das Problem nicht lösen, aber wir können Menschen darin unterstützen, destruktive Systeme, Perspektiven und Verhalten ins Konstruktive zu wandeln.« Jesper Juul